ここまで変わった
日本史教科書

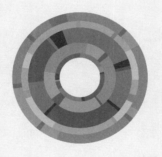

高橋秀樹・三谷芳幸・村瀬信一

吉川弘文館

まえがき

　日本の大人たちは「教科書」に思い入れをもっているらしい。さらには教科書がひとつの価値基準になっていることもあるようだ。『○○の教科書』という書名の一般書はとにかく多いし、『教科書にのらない○○』『教科書が教えない○○』のタイトルの本やテレビ番組も少なくない。強い関心からか、教科書に関する話題が新聞記事になることもたびたびある。そうした関心が持たれるのは数学や理科ではなく、歴史、とりわけ日本史であることが多い。

　しかし、それでいて大人たちが現在の日本史関係の教科用図書（教科書）そのものを見ているかというと、教員を除けば、実際に見ている人は多くないだろう。学齢期の子どもを持っている方も、手に取ることはあっても、一冊丸ごと読んだことはないのではなかろうか。現場の教員でも、同一教科の複数の教科書をじっくりと読み比べる機会はほとんどないだろうし、ましてや現在の小学校・中学校・高等学校のそれぞれ複数の教科書を見ることはまずないだろう。多くの方々は、数十年前に自分たちが使った教科書の記憶や、センセーショナルに伝えられたごく一部の教科書記述のイメージで、現在の教科書を捉えてしまっているのが現状ではないだろうか。

　そこで、数十年前の日本史教科書と現在の日本史教科書とでは記述内容や視点にどれだけ大きな違いがあり、またそれが主として日本史研究の進展にともなう学説状況の変化に裏付けられたものであることを読者に伝えるというのが本書のねらいである。原始・古代から近現代までを、およそ時間の流れに沿って46に分け、執筆者が独自の切り口でそれぞれの時期の出来事を取り上げている。

　本書の各項目は独立していて、一話完結になっているから、どこからで

も関心のあるところからお読みいただきたい。教科書それぞれに個性があるように、本書にも執筆者の個性が出ている。そんな点も楽しんで欲しい。

　執筆者の3人は、文部科学省において十数年にわたって小学校・中学校・高等学校すべての日本史教科書に接する立場にあった。教科書調査官の英語表記は「Senior Specialist for Textbook」だが、その名の通り、日本史教科書の専門家であることは間違いない。しかも、それぞれが日本史研究者として第一線に立っており、専門分野の研究状況を一応は把握している。そうした執筆者の知見に裏付けられているというのが本書の特色になっていると思う。

　また、一般の方々はもちろん、教員や日本史研究者のあいだでも、教科書に関する制度が的確に理解されているとはいえない。教科書の内容と並んで、教科書制度も時代の変化に対応した改善がなされているにもかかわらず、いまだに30〜40年前のイメージをもったままの言説で語られていることが多い。そうした言説が一部のマスコミを通じて多くの国民に浸透しているかのようにも思われる。そこで、少しでも実態を理解していただきたいという気持ちもあって、本書のなかでは必要に応じて、この数年の教科書検定の実例や学習指導要領にも言及し、「日本史教科書Q＆A」では、検定や供給などの教科書制度について説明した。さらに、多くの方々にとって見る機会が少ないであろう、教科書作成の基準となる中学校社会科歴史的分野の学習指導要領の現行版と昭和44年（1969）版、2年前の教科書検定で用いられた義務教育諸学校教科用図書検定基準（抄）（平成26年1月告示）を付録のかたちで収載した。本書を読むときの参考にしていただけたらと思う。なお、現行の学習指導要領や検定基準・検定規則は文部科学省のウェブサイトで、古い学習指導要領は国立教育政策研究所のウェブサイトでも閲覧できる。

　本書は、『週刊朝日百科　新発見！日本の歴史』（朝日新聞出版、2013〜14年）の連載「ここまで変わった日本史教科書」の三谷・高橋執筆による原始・古代〜近世部分をもととし、近現代部分については、同僚の村瀬にも加わってもらって新たに書き下ろした。

連載時に週刊朝日百科の担当デスクだった大内悟史氏、本書の刊行を引き受けてくださった吉川弘文館編集部の堤崇志氏、製作を担当してくださった同編集部の高尾すずこ氏には大変お世話になった。心よりお礼申し上げる。

　なお、本書で示した見解は、執筆者個人の見解であり、文部科学省や教科用図書検定調査審議会の見解を示すものではないことをお断りしておく。

2016年7月
執筆者を代表して　　高橋秀樹

◎目　次◎

まえがき i

原始・古代

1	旧石器・縄文時代	「日本史」の始まりを求めて 2
2	弥生時代①	時代区分をめぐる攻防 6
3	弥生時代②	邪馬台国論争のゆくえ 10
4	古墳時代	見直される倭国と半島の関係 14
5	飛鳥時代①	変容する「聖徳太子」 18
6	飛鳥時代②	天皇・日本・藤原京 22
7	奈良時代①	律令国家の最盛期はいつか 26
8	奈良時代②	皇位を揺るがす権力者 ―仲麻呂と道鏡― 30
9	平安時代①	唐風化する天皇 ―桓武と嵯峨― 34
10	平安時代②	終わらない日中交流 38
11	平安時代③	貴族社会を支える受領 42
12	平安時代④	更新される摂関政治論 46

コラム　墨書土器が語る仮名の成立 50

中　世

13	平安時代⑤	中世の始まりと武士の起源 52
14	平安時代⑥	平清盛と平氏政権 56
15	鎌倉時代①	いい国作った源頼朝と肖像画 60
16	鎌倉時代②	「尼将軍北条政子」の実像 64

17	鎌倉時代③	元寇、蒙古襲来、モンゴル戦争？	68
18	鎌倉時代④	「鎌倉新仏教」はなぜ消えた	72
19	室町時代①	革命を目指す新しい後醍醐像	76
20	室町時代②	義満は天皇を超えたのか	80
21	室町時代③	将軍2人、幕府も分裂、戦乱の世へ	84
22	室町時代④	社会経済史から文化史へ	88
23	室町時代⑤	更新される一揆のイメージ	92
24	戦国時代①	戦国時代の始まりと終わり	96
コラム		日本史教科書と中世史料	100

近世

25	戦国時代②	信長の描かれ方が変わった	102
26	戦国時代③	秀吉の出自、政治や出兵にも新視点	106
27	江戸時代①	関ヶ原の戦いの「名分」	110
28	江戸時代②	「鎖国」から「四つの口」へ	114
29	江戸時代③	江戸の都市生活 ―リサイクルから吉原まで―	118
30	江戸時代④	綱吉は悪役か、名君か	122
31	江戸時代⑤	江戸の三大改革の記述が減った	126
32	江戸時代⑥	変わる田沼政治のイメージ	130
33	江戸時代⑦	「士農工商」で語れない身分制度	134
34	江戸時代⑧	大御所時代、化政文化の評価も一変	138
35	江戸時代⑨	幕藩体制下の大名・藩は「三十年一日」	142
36	江戸時代⑩	大塩の乱、天保の改革をどう評価するか	146

| | | コラム　教科書のなかの地域の先人 | 150 |

近現代

37	明治時代①	明治維新の始まりと終わり	152
38	明治時代②	二つの国際秩序	156
39	明治時代③	憲法発布と日清・日露	160
40	大正時代	教科書の中の「転換期の大正」	164
41	昭和時代①	軍靴と銃声の時代	168
42	昭和時代②	「先の大戦」を何と呼ぶ？	172
43	昭和時代③	人とモノで見る占領と戦後改革	176
44	昭和時代④	高度成長期への新たな視線	180
45	昭和時代⑤	バブル経済と昭和の終わり	184
46	平成の時代	歴史教科書に現在はどう書かれているのか	188

　　コラム　謎もロマンもないけれど …………………………………… 192

日本史教科書Q＆A ……………………………………………………… 193

付録1　中学校学習指導要領
　　　　社会科〔歴史的分野〕（平成19年度） ……………………… 202

付録2　中学校学習指導要領
　　　　社会科〔歴史的分野〕（昭和44年度） ……………………… 209

付録3　義務教育諸学校教科用図書検定基準（抄）（平成26年1月告示）…… 223

法隆寺（奈良県）

原始・古代

約1万3000年前頃？〜2400年前頃？	縄文文化の発展
紀元前4世紀頃？	弥生文化の成立
紀元57年	倭の奴国、後漢に入貢
239年	邪馬台国の卑弥呼、魏に遣使
3世紀後半頃	ヤマト政権の成立
391年	倭軍、朝鮮半島に出兵
5世紀	倭の五王時代
6世紀	仏教公伝
600年（推古8）	遣隋使派遣
645年（大化元）	大化改新
701年（大宝1）	大宝律令制定
710年（和銅3）	平城京遷都
752年（天平勝宝4）	東大寺大仏開眼供養
794年（延暦13）	平安京遷都
894年（寛平6）	遣唐使派遣停止
10世紀半ば	天慶の乱
10世紀後半〜	摂関政治
11世紀後半〜	荘園の発展と武士の成長

1 旧石器・縄文時代
「日本史」の始まりを求めて

　かつて日本列島がアジア大陸とほとんど陸続きになっていた時期があったことは、よく知られている。地質学でいう更新世（氷河時代とも呼ばれる）に何度かあった寒冷期の話であり、その機会に大型動物を追って、日本列島にも人類が移動してきたといわれる。やがて世界的な気温の上昇が始まり、新ドリアス期の寒の戻りが終わった約1万年余り前から、現在まで続く気候の温暖な時代、すなわち完新世に入る。この急速な温暖化のなかで、ほぼ現状に近い日本列島が形成され、その植物相や動物相も大きく変化する。こうして「日本史」の舞台が整っていく場面から、教科書の記述は始まる。

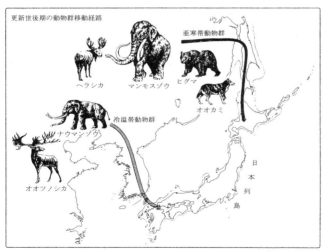

日本列島に移動してきた動物（安蒜政雄『旧石器時代の日本列島史』学生社、2010年）

捏造に揺れた旧石器時代

地質年代としての「更新世」「完新世」は、1980年代までの教科書では、それぞれ「洪積世」「沖積世」と呼ばれていた。洪積世は大洪水による堆積物形成の時代、沖積世は河川の作用による堆積物形成の時代という意味で、ともに日本の

旧石器発掘の捏造を伝える新聞記事
（2000年11月5日付「毎日新聞」）

学界では長く使われてきた用語である。だが、ノアの洪水伝説に由来するなどの理由から、現在では基本的に使用されなくなり、教科書でも、新たな国際用語の翻訳である「更新世」「完新世」が定着するにいたった。

以上の地質年代との関係で「日本史」の時代区分をみると、更新世にほぼ対応するのが、打製石器の使用を特徴とする旧石器時代、完新世の新たな環境のなかで本格的に展開するのが、土器の使用などを特徴とする縄文時代ということになる。

戦後まもなく、相沢忠洋によって群馬県岩宿の関東ローム層から打製石器が発見されたことをきっかけに、日本列島にも旧石器時代の文化が存在したことが認知されるようになった。旧石器時代は、前期・中期・後期の三つに区分されるが、1990年代の教科書には、約4万年前以前の中期・前期にさかのぼる遺跡として、上高森遺跡・座散乱木遺跡（いずれも宮城県）などが紹介されていた。しかし、2000年以降、証拠とされた石器の発掘が捏造であったことが確認され、すべての遺跡名が教科書から消えることになった。以後、前期・中期の扱いについては慎重になり、現在の教科書では、発見された旧石器時代の遺跡の多くは後期のものである、と書かれるに止まっている。「日本史」の始まりをめぐる教科書の認識は、捏造事件によって大きく揺れ動いたのである。

旧石器時代の存在を裏づける資料としては、石器のほかに化石人骨がある。教科書では、その例として、静岡県のいわゆる浜北人や沖縄県の港

港川1号男性人骨
（東京大学総合研究博物館所蔵）

川人を挙げることが多い。かつての教科書には、静岡県の三ヶ日人や愛知県の牛川人なども掲載されていたが、これらに関しては、年代の問題や動物の骨ではないかとの疑問が浮上し、現在では言及を避けるようになっている。また、有名な「明石原人」は、原人とする説が否定され、完新世のものとする見方が有力になり、現在では教科書にもそのように書かれている。

三内丸山遺跡のインパクト

　続く縄文時代の名称の由来となったのが、縄（撚糸）を転がして縄目文様をつけた縄文土器である。1980年代までの教科書では「縄文式土器」と呼ばれていたが、現在では「式」を付けず、「縄文土器」とするのが一般的である。この土器の型式によって、縄文時代の時期区分がなされる。80年代までの教科書では、早期・前期・中期・後期・晩期の5期区分が使われていたが、その前に「草創期」を設ける考え方が強くなり、現在の教科書では6期区分が採用されている。この草創期にみられるのが、無文土器・隆起線文土器・爪形文土器などの型式で、教科書でも紹介されているが、これらは縄目文様を特徴としない、広義の縄文土器（縄文時代の土器）である。

　縄文時代の遺跡として、近年の教科書で特に大きく取りあげられるのは、何といっても青森県の三内丸山遺跡である。1992年からの発掘調査で、1500年ほど続いた大規模集落の跡が確認され、縄文人の社会生活を映し出す大型建物や、経済生活を支えるクリ林の管理、ヒョウタン等の栽培などが、教科書でも紹介されるようになった。ヒノキ科の針葉樹の樹皮

で編まれた小さな袋、いわゆる「縄文ポシェット」の写真が掲載されることも多い。この遺跡が、教科書に描かれる縄文時代のイメージを、より豊かなものにしたことは確かであろう。

測定技術が変える教科書記述

近年の変化で注目されるのは、縄文時代の開始年代に関する記述である。従来の教科書では、約1万2000年前あるいは1万3000年前から縄文時代が始まると書かれていた。現在の教科書でも、この年代観に従うのが一般的であるが、同時に縄文時代の始まりを大きく遡らせる、新たな研究成果に言及するものも増えている。1998年に大平山元遺跡（青森県）から出土した無文土器の付着炭化物を、高精度の炭素14年代測定法で測定し、その年代を補正した結果、1万6500年前という数値が導かれたのである。発掘調査の進展と年代測定技術の進歩により、教科書の記述はまだまだ変わっていく可能性がある。

（三谷）

三内丸山遺跡出土の「縄文ポシェット」
（青森県教育委員会所蔵）

2 弥生時代①
時代区分をめぐる攻防

　縄文時代と弥生時代は何によって区分されるのか。重視されてきた指標のひとつは、使用される土器の違いである。弥生土器の特徴として、物を貯蔵する壺が発達すること、装飾が簡素であることなどが指摘され、そうした新たな土器の出現が、二つの時代を区分する有力な基準とみなされた。もうひとつの指標は、水稲農耕の有無であり、大陸からの水田稲作の伝来が、弥生時代の始まりを告げるものと考えられた。この二つの指標をシンプルに同調させていたのが、1980年頃までの教科書である。すなわち、弥生土器の出現と水田稲作の開始は同時期のできごとであり、両者がみられる紀元前3世紀から弥生時代が始まる、というのが基本的な図式であった。そして、紀元後3世紀まで続く弥生時代は、土器の型式によって、前期・中期・後期の三つに区分されると記されていた。

土器か稲作か

　こうした教科書の図式に変化をもたらしたのが、1970年代末から80年代にかけての新たな水田遺構の発見である。まず、福岡県の板付遺跡で、夜臼式土器の出土する層から、次いで佐賀県の菜畑遺跡で、より古い山ノ寺式土器の出土する層から、それぞれ水田跡が発見された。これらの土器は、一般に縄文土器に分類されていて、土器を指標とする時代区分に従えば、縄文時代晩期にはすでに九州北部で水田稲作が行われていたことになる。さらに、岡山県の津島江道遺跡などでも水田跡が確認され、同じ時期に西日本でも稲作が行われていたことが明らかになった。これらの発掘成果を受けて、教科書にも、水田稲作は縄文時代晩期に始まった可能性が高いと書かれるようになった。稲作の開始と弥生時代の始まりは一致しな

くなったかに思われたのである。

　ところが、問題はそれほど単純なものではなかった。弥生土器が使われた時代を弥生時代と考えれば、確かに稲作の開始は縄文時代に位置づけられるが、逆に稲作が行われた時代を弥生時代と考えれば、弥生時代の始まりが1世紀ほど早まることになる。稲作が始まった時期を、土器を指標として縄文時代とみなすか、稲作自体を指標として弥生時代とみなすか。前者の立場は、縄文時代晩期という従来の編年に従い、後者の立場は、弥生時代早期という新たな時期を設定する。縄文・弥生の時代区分をめぐって、重大な意見の対立が浮上してきたのである。こうした議論の状況を踏まえて、近年の教科書では、以上の二つの立場を等しく紹介することが一般的になっている。ただ、弥生時代の始まりを紀元前4世紀あるいは紀元前5世紀とする記述も定着していて、実質的には後者の立場に近い年代観が採用されているともいえよう。

縄文晩期の夜臼式土器
（板付遺跡出土、福岡市埋蔵文化財センター所蔵）

稲作をめぐる認識の変化

　九州北部に伝来した後の稲作の普及については、弥生前期に西日本まで、中期に関東地方まで、後期に東北地方まで広まった、というのが1980年代の教科書の記述であった。だが、青森県の垂柳遺跡で弥生中期、同県の砂沢遺跡で前期の水田跡が検出され、また東北各地で九州北部の稲作文化に関連する遠賀川系土器が発見されたことで、東北地方にはきわめて早い時期に稲作が伝播したと考えられるようになった。逆に関東地方は、狩猟・採集・漁撈の存在感が想像以上に大きく、東北よりも遅れて

稲作を受容したことが明らかになってきた。これを受けて、教科書にも以前のような記述はみられなくなり、新たな認識を踏まえた伝播の過程が描かれるようになっている。

　稲作の技術に関しても、教科書の記述はかなり変化している。かつては、稲作が始まったばかりの弥生時代の技術レベルは、まだまだ未熟なものと考えられていた。田植えの技術はなかったとされ、教科書にも、水田に直接種籾をまく「直播」が行われていたと書かれていた。ところが、岡山県の百間川原尾島遺跡で、水田跡から配列に規則性のある稲株跡が発見されたことなどで、弥生時代にも田植えを行っていたとする認識が強まり、現在の教科書では、田植えのことを大きく記すのが普通である。

　また、かつては、排水不良の「湿田」から灌漑システムを備えた「乾田」へ、という技術の進歩が想定されていたが、水田遺構の調査によって、稲作の開始当初から乾田を利用していたことが判明し、早くから乾田が存在したと記す教科書もみられるようになった。大陸から伝来してきた水田稲作は、すでに完成された技術体系を持っていたと考えられるようになったのである。

垂柳遺跡の水田遺構（青森県、田舎館村教育委員会提供）

新たな年代観の衝撃

2003年、国立歴史民俗博物館は、弥生時代の始まりを紀元前10世紀とする研究結果を発表した。旧来の年代観を一変させるこの説は、多くの人に衝撃をもって迎えられ、すぐに教科書でも紹介されるようになった

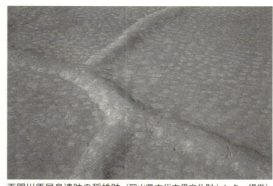

百間川原尾島遺跡の稲株跡（岡山県古代吉備文化財センター提供）

が、まだ学界に異論があり、本文で全面的に採用されるには至っていない。縄文と弥生の境界をどの時期に見出すか、いましばらく議論が続きそうである。

（三谷）

3 弥生時代②
邪馬台国論争のゆくえ

　紀元1世紀頃から3世紀にかけての日本列島では、小国（クニ）の分立状態のなかに「倭国」というまとまりが生まれ、さらに邪馬台国を盟主とした連合が形成されるという、政治的統合の過程が進行した。教科書でも、中国の史書と考古学の成果を使って、この過程が詳しく描かれてきたが、近年、さらなる考古学的研究の進展を受けて、その記述に変化が生まれつつある。

戦いから生まれたクニ

　弥生時代には、石鏃が大型化して、人の殺傷に適した武器となり、土地や水などをめぐる熾烈な戦いが始まる。そうした「戦いの時代」を象徴するものとして、教科書で取りあげられることが多いのが、環濠集落と高地性集落である。環濠集落は、周囲に濠や土塁をめぐらした集落で、弥生時代中期にとくに巨大なものが出現する。高地性集落は、戦闘時に逃げこむために山頂や丘陵上につくられた集落で、弥生時代中期から後期にかけて発達する。いずれも防御的機能を持つものであり、そのような集落を生み出した戦いの中からクニが発生し、さらには複数のクニによる地域連合が形成されたと考えられている。唐古・鍵遺跡（奈良県）、池上曽根遺跡（大阪府）、吉野ヶ里遺跡（佐賀県）などの巨大環濠集落は、それぞれのクニの拠点であったとされ、教科書でも紹介されることが多い。

　こうしたクニの存在は、やがて中国の史書にも記されるようになる。まず『漢書』地理志によれば、前漢時代に倭人の社会は百余国に分かれ、朝鮮半島に置かれた楽浪郡に定期的に使者を派遣し、漢王朝に朝貢していたという。次いで『後漢書』東夷伝には、紀元57年（建武中元2）に倭の

吉野ヶ里遺跡（佐賀県教育委員会提供）

奴国の王が後漢に朝貢し、都の洛陽に赴いた使者が光武帝から印綬を賜ったと記されている。この奴国は福岡平野にあった有力なクニであり、福岡県志賀島出土の「漢委奴国王」と刻まれた国宝の金印が、奴国の王に与えられた印の実物であるとされている。また、須玖岡本遺跡（福岡県春日市）の甕棺墓からは大量の前漢鏡などが発見され、奴国の王の墓と推定されている。このように、クニの王たちが中国に朝貢することで先進的な文物を入手し、中国皇帝の権威を背景に自国の地位を高めようとしたことを、教科書は述べている。

二つの顔をもつ女王、卑弥呼

『後漢書』東夷伝には、もうひとつ朝貢の記事があり、107年（永初元）に「倭国王」の帥升らが、生口（奴隷か）160人を安帝に献上したことを記している。この記載が正しいとすれば、2世紀初頭までには、いくつものクニが連合し、「倭国」という政治的なまとまりが形成されていたことになる。そして、『後漢書』東夷伝といわゆる「魏志倭人伝」（『三国志』

「魏書」烏丸鮮卑東夷伝倭人条）によれば、2世紀後半に倭国に大きな争乱が起こり、クニグニがひとりの女性を王に共立することによって、ようやく争乱が収まったという。この共立された女王が卑弥呼であり、彼女の居住する邪馬台国が、30ほどのクニグニから構成される倭国の盟主となったのである。

　教科書が「魏志倭人伝」を史料として掲げ、邪馬台国を中心とする倭国の状況を詳しく述べることは、今も昔も変わらない。大人・下戸という身分があったことや、租税・刑罰の制度が整っていたこと、また九州北部の伊都国に一大率という官人が置かれていたように、ある程度の統治組織が生まれていたこと、などが記されている。

　卑弥呼に関しては、239年（景初3）に魏の皇帝に使者を送り、「親魏倭王」の称号と銅鏡100面などを授けられる一方、国内では「鬼道」と呼ばれる呪術を使い、宗教的権威によって秩序を維持したことが述べられている。国際社会のなかで外交する開明的な王と、神と交信する未開なシャーマンという、卑弥呼の二つの顔が描かれているのである。

纒向遺跡に集まる注目

　国民的な関心事であろう邪馬台国の所在地については、畿内（大和）説と九州説を両論併記するのが教科書の通例である。ただし近年は、新たな考古学的成果を踏まえて、畿内説が有力になりつつあることを示唆するものも増え始めている。その根拠として取りあげられているのが、奈良県桜井市の纒向遺跡である。三輪山の麓に位置し、列島各地の土器が大量に出土する、3世紀最大級の集落遺跡で、2009年には東西の軸線上に整然と配置された建物群跡が発見され、大型建物の存在から、「魏志倭人伝」のいう卑弥呼の「宮室」ではないかと注目を集めた。同年以後に執筆された教科書では、この建物跡の発見に言及することが多い。

　ヤマト王権の成立にかかわる古墳の出現は、かつての教科書では、3世紀末から4世紀初め頃と書かれていたが、現在は3世紀後半あるいは中頃と書かれるようになり、邪馬台国の時代に接近してきている。纒向遺跡の地には、出現期の最大規模の古墳である箸墓古墳があり、卑弥呼の墓では

纒向遺跡（辻地区）の大型建物跡（奈良県、桜井市教育委員会提供）

箸墓古墳（奈良県、桜井市教育委員会提供）

ないかとの議論もある。これが正しければ、邪馬台国と古墳時代のヤマト王権は、大和の地に存在した連続的な政治権力ということになる。邪馬台国とヤマト王権をどのような関係で捉えるのか、今後の教科書の記述が注目されよう。

（三谷）

4 古墳時代
見直される倭国と半島の関係

　4世紀の日本列島には、大和地方（奈良県）の勢力を中心とする広域の政治連合が形成されていた。教科書では、この政治連合、あるいはその中心となる大和地方の政治権力を、「大和政権」「ヤマト政権」「大和王権」「ヤマト王権」などと表現している。かつては「大和朝廷」という用語が一般的であったが、4世紀にはまだ「朝廷」と呼べるような発達した政治組織は存在していなかったという認識が強くなり、現在の教科書ではあまり使われなくなっている。また、「大和政権」ではなく「ヤマト政権」と表記する場合があるのは、「大和」という地名表記の成立が8世紀まで下ることなどによる。この「ヤマト政権」「ヤマト王権」の4・5世紀における発展を、教科書は東アジア全体の国際的動向のなかで描こうとしている。

消えゆく「任那」

　中国では、五胡（匈奴などの遊牧民族）の侵入による混乱のなかで、316年に晋が滅亡する。翌年には江南に東晋が再興されるが、この晋の衰退・南遷の影響で、朝鮮半島にも大きな変化が生まれる。まず、半島北部の高句麗は、晋の半島支配の拠点であった楽浪郡・帯方郡を滅ぼ

七支刀（石上神宮所蔵）（裏）（表）

し、4世紀後半には楽浪郡の故地である平壌を拠点として南下政策を進める。一方、馬韓・辰韓・弁韓（弁辰）の三地域に分かれ、多数の小国が分立していた半島南部でも、4世紀には諸国の統合が進み、馬韓の地に百済、辰韓の地に新羅という統一国家が成立する。弁韓では小国連合的な状態が続いたが、ヤマト王権に統合された倭国は、鉄資源の確保などのために、それらの小国と密接な関係を結んでいた。かつての教科書では、この小国群のことを『日本書紀』の用例に従って「任那」と記していたが、現在の教科書では、朝鮮の史書などによって「加耶」「伽耶」「加羅」と記すことが多い。

広開土王碑

　南下する高句麗と争っていた百済は、倭国に接近して同盟関係を結ぶ。それを記念して百済から倭王に贈られたとされるのが、石上神宮（奈良県）に伝わる国宝の七支刀である。銘文から369年の製作と推測され、教科書でもしばしば紹介される。このような百済との関係を背景に、倭国は朝鮮半島に出兵し、高句麗と戦火を交える。その事実を伝えるのが、教科書でも必ず取りあげられる広開土王碑（好太王碑）の碑文である。現在の中国・吉林省集安の地に、高句麗の長寿王が父の広開土王の功業を記念して建てた石碑で、400年と404年に高句麗軍と倭国軍が交戦したことが刻まれている。

「帰化人」か「渡来人」か

　朝鮮半島での戦乱を受けて、5世紀初頭頃には、半島から日本列島への移住民が急増する。さまざまな技術・文化を列島に伝えたこれらの人々を、かつての教科書は「帰化人」と称していた。しかし、王者の徳を慕って帰順することを意味する「帰化」という言葉は、当時の移住の実態を必

4 見直される倭国と半島の関係

ずしも反映していないとして、現在の教科書では「渡来人」と呼ぶのが一般的である。ただし、国家による受け入れを表現するには「帰化人」の方が適当であるとする意見もあり、「帰化人」の使用が一概に誤りというわけではない。

『宋書』倭国伝によれば、5世紀には、讃・珍・済・興・武と呼ばれる5人の倭王、いわゆる倭の五王が、中国南朝の宋に朝貢し、皇帝から冊封（官爵の授与）を受けている。「倭国王」の称号に加えて、朝鮮半島南部の軍事的支配権を示す称号を与えられることで、外交上の立場を有利にし、高句麗に対抗し

稲荷山古墳出土鉄剣銘と「獲加多支鹵大王」部分（文化庁所有、埼玉県立さきたま史跡の博物館保管）

（裏）　（表）

ようとしたと考えられている。一方、近年の教科書では、中国皇帝による冊封が、ヤマト王権内部の秩序形成に利用されたことも指摘されている。倭王は自らの臣下に自分より下位の称号を仮に授け、それを宋に正式に承認してもらったり、自らの称号にともなって設置できる役所の属僚（府官）に臣下を任命したりして、自己を最高位とする身分の序列を明確にしようとしたのである。

　478年の宋への上表文で知られる倭王武は、稲荷山古墳（埼玉県）出土鉄剣銘と江田船山古墳（熊本県）出土大刀銘にみえる「ワカタケル大王」であり、のちに雄略天皇と呼ばれる人物にあたる。1970年代までの教科書では、大刀銘の大王は反正天皇にあたるとされていたが、鉄剣銘の発見

によって解釈が改められたことは有名である。鉄剣銘・大刀銘からは、「〇〇人」と呼ばれる人間集団による職務分担制度（人制）の存在が知られ、また大王を中心とする倭国独自の支配領域＝「天下」が形成されていたことも判明する。

「任那日本府」の実態

この時期の倭国と朝鮮半島との関係を考える際に、大きな論点となってきたのが、いわゆる「任那日本府」の問題である。かつては、「大和朝廷」が「任那」の地に「日本府」という統治機関を設け、軍事力を背景に植民地のような支配・経営を行っていた、というのが通説的な見方で、教科書もそのような認識に沿って書かれていた。しかし、現在では、「任那日本府」の実態について、現地に居住する倭人集団の組織であるとする説や、倭国から派遣された使者であるとする説が有力視されるようになり、以前のような見方はほぼ否定されている。かつては、512年に「任那四県」が百済に「割譲」されたと書かれていたが、現在では、倭国による領土支配を前提とする「割譲」という言葉は使われなくなり、百済による支配を「承認した」などと表現されるようになっている。

（三谷）

5 飛鳥時代①
変容する「聖徳太子」

　冠位十二階を定め、憲法十七条を作り、遣隋使を派遣した、推古朝の政治の主役。ある年代以上の人が教科書で学んだと記憶している聖徳太子像は、おそらくこのようなものであろう。たしかに昔の教科書では、推古朝のおもな出来事を、すべて聖徳太子を主語として記述している場合が少なくなかった。だが、現在の教科書では、聖徳太子とその時代の描き方は、以前とかなり異なるものになっている。

「聖徳太子」よりも「厩戸皇子」

　まず大きく変わったのは、「聖徳太子」という人名そのものの扱いである。現在の教科書では、死後の呼び名である「聖徳太子」とともに、実名と考えられる「厩戸皇子」を重視し、二つの名前を併記するのが一般的である。生存当時の呼称を優先して、「厩戸皇子」を先に記すものも少なくない。さらに、『日本書紀』には「厩戸皇子」とあるが、推古朝に「天皇」号とかかわる「皇子」という表記が使われたかどうか不明であるとして、「厩戸王」と表記する教科書もある。いずれにせ

聖徳太子二王子像（宮内庁所蔵）

よ、「聖徳太子」という人名は、もはや教科書のなかで絶対的な地位を占めてはいないのである。

聖徳太子の事績についても、記述は大幅に変化している。これは、当時の政権における太子の位置づけの理解とかかわっている。推古朝の政権では、大臣である蘇我馬子の発言力がきわめて強かったと考えられている。一方、聖徳太子も王位を継承しうる有力王族として、政権の中枢を担っていたという見解がいまでも有力である。そのため、推古朝の政権を、聖徳太子と蘇我馬子の共同執政の体制とする捉え方が、現在広く受け入れられている。そのうえで、2人に指示を与えるべき立場にある、推古天皇の政治的主体性にも改めて注意が向けられている。大枠としては、推古天皇と聖徳太子と蘇我馬子の3人が、政治権力の中核をなしていたとする見方が強いといえよう。たしかに聖徳太子は政治を領導していた有力者であるが、ひとりですべての政策を決定し得るような存在ではなかった、という理解である。

「聖徳太子の政治」から「推古政権の政治」へ

現在の教科書は、このような見方に沿って、かつては聖徳太子個人の事績として描かれていた冠位十二階の制定、遣隋使の派遣などを、推古政権全体の事業として叙述するようになっている。推古朝の政治を「聖徳太子の政治」として描くものは、ほとんど見られない。

憲法十七条は、『日本書紀』に聖徳太子が自ら作ったと明記されていて、かつての教科書では、太子による制定と断定して書かれていた。しかし、太子に仮託されたものとする説もあり、現在の教科書では、制定の主体を明示しないか、太子の制定と「される」「伝えられる」といった婉曲な表現を使うことが多い。推古朝の事業として記述されてはいるが、太子本人の事績であるとは断定していないのである。現在の教科書は全般的に、聖徳太子の事績とされてきたものに対し、慎重な態度をとっているといえよう。

慎重な態度は、聖徳太子の肖像の扱いにも共通している。太子の肖像といえば、左右に2人の童子を配した、8世紀の制作とされる御物の絵画

（宮内庁所蔵）が有名である。「聖徳太子二王子像」「唐本御影」などと呼ばれるもので、紙幣の太子の顔のもとになった、誰もが見覚えのある画像である。かつての教科書では、この絵が「聖徳太子像」と題してしばしば掲載され、生徒たちの目に太子の印象を焼きつけた。現在でも、これを太子の肖像とする見解は有力であるが、確証に欠ける。そこで、近年の教科書では、この画像を載せる場合、「伝聖徳太子像」とすることが多い。国民的に知られる聖徳太子の肖像も、現在は留保付きで教科書に載せられるようになっているのである。

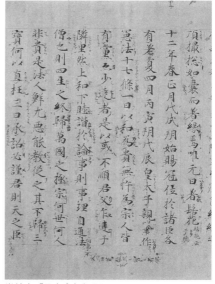

岩崎本『日本書紀』（京都国立博物館所蔵）にみえる憲法十七条

世界に驚いた遣隋使

　推古朝の記述の変化といえば、遣隋使の派遣も見逃すことはできない。昔の教科書では、607年（推古15）の小野妹子の派遣が特筆され、煬帝の不興を買った「日出づる処の天子、書を日没する処の天子に致す」の国書とともに、もっとも重要な暗記の対象となった。だが、現在の教科書では、『隋書』にみえる600年の第１回遣隋使も、画期的な遣使として重視されるようになっている。603年の冠位十二階の制定や、604年の憲法十七条の制定など、この時期の国内体制の整備は、600年の遣使で隋の文明に触れ、国際社会との落差を思い知らされたことが、大きな動機になっていると考えられるからであろう。

　現在の教科書は、時代のあらゆる出来事を聖徳太子の事績に帰するのではなく、逆に彼自身を大きな時代状況のなかに位置づけようとする傾向が

強い。ひとりで時代を作った超人的偉人から、時代とともに生きた政権の担い手のひとりへ。教科書のなかの聖徳太子像は緩やかに、しかし確実に変化してきたのである。

（三谷）

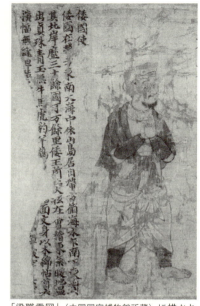
「梁職貢図」（中国国家博物館所蔵）に描かれた倭国の使者

6 飛鳥時代②
天皇・日本・藤原京

　大化改新から大宝律令制定までの7世紀後半は、律令国家の建設が本格化する時期とされている。中国から律令という体系的な法典を学び、それに基づく官僚機構と人民支配の体制を作りあげていった時代である。この新たな国家建設の過程で浮上してきたのが、君主号や国号の制度化、あるいは都城の造営といった、国家の根幹にかかわる重要な課題である。

「天皇」は古いか新しいか

　「天皇」という君主号については、7世紀初めの推古朝に成立したとする津田左右吉の説が戦後ほぼ通説となり、教科書でも、それに従った記述が長く定着していた。この説の根拠は、法隆寺金堂薬師如来像光背銘や天寿国繡帳銘など、推古朝の銘文に「天皇」の語がみえることであった。ところが、それらの銘文が7世紀後半の天武・持統朝に製作されたものと考えられるようになり、天皇号もその時期に成立したとする説が有力となった。それを受けて、教科書でも天武朝の成立と記述するものが増えていった。壬申の乱に勝利した天武が君主としての権威を高めたことで、それにふさわしい新たな称号が創出され、持統朝に施行された飛鳥浄御原令で正式に法制化された、という理解である。しかし、現在の教科書でも、

金銅弥勒菩薩半跏像（野中寺所蔵）

推古朝成立説を併記したり、より強調したりするものは少なくない。それは近年、天寿国繡帳や野中寺弥勒菩薩像などの銘文の再評価が進み、さらなる反論はあるものの、推古朝成立説に有利な材料も提供されているからであろう。

推古朝成立説は、608年（推古16）の遣隋使が「東の天皇、敬みて西の皇帝に白す」で始まる国書を持参したとする『日本書紀』の

天寿国繡張（中宮寺所蔵）

記事を重視し、外交の場面で天皇号が使われ始めたとみる。一方、天武朝成立説は、対外意識の問題とともに、国内での君主の権威の高まりを天皇号成立の要因として重視する。また、天武朝成立説をとれば、天皇制は律令国家とともに新しく作られたことになるが、推古朝成立説をとれば、天皇制は律令国家以前の古い要素を受け継いでいることにもなる。二つの説の違いは、天皇制の本質にも関わる、きわめて重大な問題をはらんでいるのであり、容易に結論が出るとは思えない。ほかの見方を含め、不動の定説が教科書に書かれるようになるのは、まだまだ先のことであろう。

高まる「日本」国号への関心

律令国家にとって、君主号とともに重要であったのは、国家の名をあらわす国号である。「日本」という国号については、戦後の歴史学であまり議論にならず、教科書でもほとんど言及されることがなかった。まれに、7世紀前半（推古朝頃）に成立したと記す教科書もあったが、あくまで例外的なものであった。したがって、成人の多くは、「日本」国号について教科書で学んだという記憶がないであろう。しかし、「日本」国の自明の

枠組みを問い直すという気運とともに、国号への関心が高まり、現在では教科書でも、「日本」国号の成立に触れるのが一般的になっている。

2011年に中国で、「日本」という文字が刻まれた、678年頃の製作とされる墓誌（祢軍墓誌）が紹介され、その解釈をめぐって議論が続いているが、現在のところ、「日本」が国号になったのは、この墓誌より後のこととする見方が有力のようであり、701年（大宝元）制定の大宝令に国号

「祢軍墓誌」拓本（部分）

として明記されたことが、大きな画期になったと考えられている。教科書でも、大体その範囲で記述がなされているが、さらに702年の遣唐使が中国にはじめて「日本」国号を通知したことを述べている場合もある。中国からみた極東を意味する「日本」は、中華世界を意識した外国向けの国号であり、その対外的な意義が、教科書でも重視されているのである。

姿を変えた藤原京

もうひとつ、律令国家の建設に不可欠であったのは、中央集権の拠点となる本格的な都城の造営である。天武朝に造営が始められ、持統朝に完成した藤原京が、そのような律令国家を象徴する新たな都となった。かつての教科書では、「畝傍山・香具山・耳成山の大和三山に囲まれた」というのが、この藤原京を描写するときの決まり文句であった。そして、東西約2キロ、南北約3キロ、という京域の規模が説明されていた。さらに詳しい場合には、のちの平城京の三分の一ほどの面積であること、京域の北部中央に宮を置く形式をとり、それが平城京以降の都城に受け継がれることなどが書かれていた。こうした見方が当時の通説になっていたからである。

ところが、1990年代以降の発掘調査と研究によって、それまでの通説が見直され、教科書には従来とまったく異なる藤原京の復原図が載ること

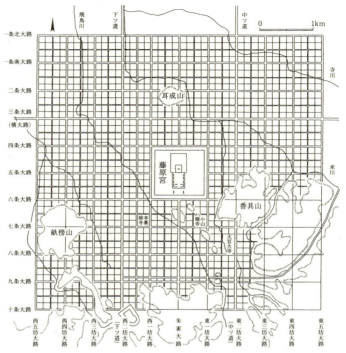

藤原京復原図（小澤毅『日本古代宮都構造の研究』青木書店、2003年）

になった。京域は約5.3キロ四方の正方形で、宮はその中心に置かれていたとする見方が有力になってきたのである。かつての決まり文句とは逆に、藤原京が大和三山を包みこむことになった。また、京域の面積は平城京に引けをとらず、宮の位置は平城京以降とまったく異なることになった。研究の進展によって、教科書の内容がこれほど劇的に変わるのは、珍しいことだろう。この新たな見方により、律令国家の建設過程における藤原京の位置づけを、改めて問い直す必要が出てきたのである。

（三谷）

7 奈良時代①
律令国家の最盛期はいつか

　7世紀までの王族や豪族は、屯倉や田荘と呼ばれる私有地を所有していた。しかし、646年（大化2）に出された大化改新詔で、屯倉・田荘を廃止して土地・人民を国家の所有とする「公地公民制」の方針が示され、7世紀後半を通じて、それが実現されていった。そして、公地公民制にもとづく律令体制は、701年（大宝元）制定の大宝律令で完成し、国家が人民に口分田を与える班田収授制が確立された。ところが、口分田の不足のため、政府は耕地の拡大をめざし、開墾を奨励するようになった。723年（養老7）の三世一身法で、墾田の一定期間の私有が認められたのに続き、743年（天平15）には墾田永年私財法が発布され、ついに墾田を永久に私有することが可能になった。その結果、貴族や寺院が各地に「初期荘園」を作るようになり、公地公民制は崩れ、律令体制は動揺していった。

事件としての長屋王家木簡

　かつての教科書で描かれていた、7～8世紀の律令体制の成立・展開過程は、おおよそ以上のようなものであろう。律令体制は、8世紀初めの大宝律令の制定によって最盛期を迎え、8世紀半ばの天平時代には早くも崩壊し始めると考えられていたのである。だが、現在の研究では、このような見方は大幅に修正されている。いわゆる「公地公民制」の実態と、墾田永年私財法の意義について、根本的な見直しがなされているのである。

　1986年（昭和61）からの発掘調査で、平城京内の長屋王の邸宅跡が発見され、3万5000点余りの木簡が出土したことは、あまりにも有名である。東西約240メートル、南北約230メートルの広大な邸宅のなかで、政

府の要職を務める長屋王とその家族たちが、多くの人員と豊かな経済基盤に支えられながら、豪奢な生活を送っていたことが明らかになった。その研究成果は、教科書にもいち早く取りいれられ、長屋王邸と出土木簡にかかわるさまざまな事柄が紹介されるようになった。

「公地公民制」への疑問

そうした事柄のひとつに、「御田」「御薗」と呼ばれる長屋王家の私有地の経営がある。同家所有の水田や菜園が、大和国（奈良県）を中心とする畿内の各地にあり、そこで収穫された米や野菜が、毎日のように長屋王邸に進上されていたのである。現地には平城京の邸宅から人員が派遣され、その管理のもとに、農民の雇用による耕作が行われていた。奈良時代初めの王族の私有地経営について、その実態が具体的に明らかになったのは画期的なことであった。

長屋王邸跡出土の「山背薗司」木簡（奈良文化財研究所提供）

この長屋王家の「御田」「御薗」は、父の高市皇子から伝領された可能性が高いといわれ、7世紀の屯倉・田荘と実質的には同じものであったと考えられている。奈良時代になっても、王族や貴族は、屯倉・田荘のような古い形態の私有地を所有し続けていたらしいのであり、大宝律令制定の時点で、「公地公民制」なるものが本当に実現していたのかどうか、疑問が出てきたのである。従来は、墾田永年私財法によって「初期荘園」が乱立するまでは、「公地公民制」のもとで、王族・貴族の私有地はほとんど存在しなかったと考えられていたが、その見方は再考を迫られることになった。また、大宝律令の制定で律令体制が完成したとする考え方にも、より強い疑問が投げかけられるようになった。

評価が変わった墾田永年私財法

　一方、天平時代を律令体制の崩壊の始まりと位置づける捉え方には、墾田永年私財法の意義という点から、疑問が突きつけられた。私財法は、単に墾田の永年私有を認めるだけではなく、位階によって墾田の所有面積に制限を設け、さらに開墾に地方官の許可を必要とすることも定めていた。私財法によって、身分に応じた墾田所有の規制が可能になるとともに、開墾の公的手続きも明確になったのである。また、墾田は口分田と同じく、国家が作成する田図に登録され、租を納めるべき輸租田とされたのであるから、墾田の増加は国家が支配する土地の拡大であるともいえる。こうした点を考えると、律令国家による土地支配は、墾田永年私財法によって、むしろ強化されたと評価できるのではないか。このような見方が、現在では有力な説のひとつとなっているのである。

　もちろん、墾田の永年私有が認められ、班田収授制の枠外の土地が広が

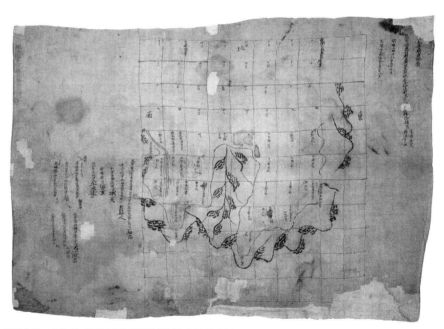

荘園を描いた地図（越前国足羽郡糞置村地図、正倉院宝物）

ることに、律令体制の大きな変更である。しかし、田図に登録して土地を管理する体制は、たしかに墾田永年私財法を契機として整備されており、天平時代以降、律令国家の支配が深まったという側面は否定できない。近年の教科書の多くは、このような時代認識を踏まえて書かれており、私財法をきっかけとして、天平時代以降、律令体制が崩壊していくという記述は、すでに一般的なものではなくなっている。かつての教科書では、墾田永年私財法は、「土地制度の崩壊」「律令体制の動揺」といった見出しのもとに語られる場合があったが、もはやそのような例は見当たらない。現在の教科書には、新たな時代認識にもとづいた、新たな律令体制の展開過程が描かれているのである。

金沢文庫本『続日本紀』（名古屋市蓬左文庫所蔵）にみえる墾田永年私財法

（三谷）

8 奈良時代②
皇位を揺るがす権力者
―仲麻呂と道鏡―

　奈良時代後半の政治史を彩った人物として、まず思い出されるのは、藤原仲麻呂と道鏡という2人の権力者であろう。教科書でも、この時代の政治動向は、彼ら2人を中心に描かれることになる。

　藤原仲麻呂は、749年（天平勝宝元）に即位した孝謙天皇の時代に、光明皇太后との結びつきを背景に、政治の実権を掌握していった。光明の施政機関として設けられた紫微中台の長官である紫微令に就任し、太政官とは別の権力基盤に依拠しながら、実質的に政治を領導したのである。757年（天平宝字元）、紫微内相に就いて軍事権まで掌握した仲麻呂に対し、橘奈良麻呂らが打倒の謀議をめぐらすが、密告により敢なく失敗する。この橘奈良麻呂の変によって反対勢力が一掃され、仲麻呂の専制体

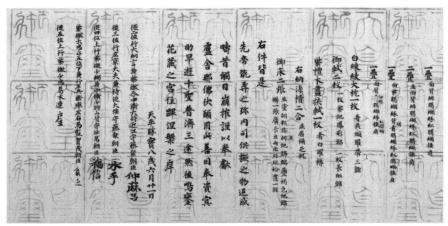

「国家珍宝帳」（正倉院宝物）にみえる仲麻呂の自署

制が確立する。758年、仲麻呂の擁立した淳仁天皇が即位すると、仲麻呂は大保（右大臣）に昇進するとともに、姓に「恵美」の2字を加え、名を「押勝」とする栄誉を賜わる。そして、760年には大師（太政大臣）に任命され、太政官の最高権力者として権勢を極める。教科書には、このような仲麻呂の栄達の過程が、簡潔に記されている。

仲麻呂の唐風政策

仲麻呂政権の政策としては、新羅征討計画、雑徭の日数の半減、年齢区分の改定による課役負担の軽減などが、これまで教科書に取りあげられてきた。しかし現在、教科書でもっとも重視されているのは、儒教を基礎とした唐風政策と、養老律令の施行であろう。唐風政策としては、「太政官」を「乾政官」とするなど、官司名を中国風に改称したことが有名で、教科書でも言及されることが多いが、ほかにも孝謙・光明などへの尊号の奉上、天皇などの名前を避ける避諱の実施、「天平宝字」のような四字年号の使用、『孝経』『維城典訓』の読習の奨励などがよく知られ、また先に触れた年齢区分の改定も、唐の玄宗の施策に倣ったものであった。このような中国を意識した政策傾向が、仲麻呂政権の基調をなすものとして、教科書でも重視されているのである。

一方、757年の養老律令の施行には、編纂の中心となった祖父の不比等を顕彰する意図があったとされるが、759年に律令の必読命令が出されているように、仲麻呂政権が律令尊重の姿勢をみせていることも注意される。中国伝来の儒教や律令に強い関心を示した、開明的な権力者としての仲麻呂の姿が、教科書では重点的に描かれているといえよう。

仏教重視の称徳・道鏡政権

仲麻呂・淳仁天皇と孝謙太上天皇との関係悪化のなかで、764年、恵美押勝の乱が起こり、仲麻呂は敗死する。その直後に大臣禅師に任じられ、政治権力を手にしたのが、孝謙の信任を得ていた僧侶の道鏡である。孝謙は重祚して称徳天皇となり、そのもとで道鏡は、765年（天平神護元）太政大臣禅師に進み、766年には法王の位を授けられる。供御（天皇の飲

百万塔（法隆寺所蔵）と陀羅尼経（国立国会図書館所蔵）

食物）に準じる食料を支給され、居所が「法王宮」と呼ばれるなど、法王の地位は天皇に匹敵するものであった。

　この称徳と道鏡の政権によって、仏教を重視した政策が行われる。その例として教科書で取りあげられることが多いのが、西大寺の造営と百万塔の製作である。西大寺は平城京の右京に31町の敷地を占めた大寺院で、東大寺を強く意識して造営された。百万塔は100万個の木製三重小塔で、恵美押勝の乱を契機に発願され、770年（宝亀元）に完成、諸寺に分置された。その一部が法隆寺に現存しており、塔内に納められていた陀羅尼経は、貴重な奈良時代の印刷物として、教科書でもしばしば紹介されている。

動揺する皇位

　道鏡をめぐる出来事として、教科書に必ず記述されるのは、769年（神護景雲3）の宇佐八幡神託事件である。道鏡を天皇にすれば天下は太平になるとの宇佐八幡神の託宣が伝えられ、称徳は神意を確認するために和気清麻呂を宇佐に派遣するが、清麻呂は皇位継承者には必ず皇族を立てよとの託宣を報告し、道鏡の即位は実現しなかったという事件である。この事件については、道鏡が皇位を狙ったとする道鏡主体説と、称徳が道鏡に譲位しようとしたとする称徳主体説があり、教科書の記述も一定していな

宇佐神宮本殿（大分県）

い。一方、清麻呂の行動の背景には、道鏡に対する貴族層の反発の強まりがあったとされ、そのような貴族層の代表として、教科書では藤原百川(ももかわ)の名前を挙げる場合が多い。道鏡の即位が挫折した要因として、清麻呂個人の活躍ではなく、貴族層全体の抵抗が重視されているといえよう。

　道鏡に天皇に準じる待遇を受け、皇位に接近する存在となっていた。仲麻呂もまた、藤原というウヂ名に避諱の制を適用するなど、自身と一族を皇族に擬する意図をもっていた。2人は、儒教と仏教という外来思想によって、伝統的な天皇のあり方を揺るがした、新たな時代を象徴する権力者だったのである。

（三谷）

9 平安時代①
唐風化する天皇
―桓武と嵯峨―

　教科書に登場する平安時代初期の人物で、特別大きな存在感を放っているのは、やはり桓武天皇と嵯峨天皇の2人であろう。近年の教科書では、この2人の天皇の特徴として、唐風化政策の推進者という側面が重視されるようになっている。

　781年（天応元）に即位した桓武天皇は、天武天皇の系統であった称徳天皇までと異なり、自らが天智天皇の系統であることを強く意識していたとされる。784年（延暦3）の長岡京遷都の背景には、そのような皇統の転換の意識があるといわれ、教科書にもその点を指摘しているものがみられる。この長岡京と、794年に遷都した平安京を舞台に、桓武朝の政治が展開される。

転換期としての桓武朝

　桓武朝の政策として教科書で必ず取りあげられるのは、勘解由使の設置と健児の採用である。勘解由使は、国司の交替の際に後任者から前任者に与えられる文書を審査する令外官で、地方行政を監督する役割を担った。健児は、東北・九州などを除いて軍団の兵士を廃止し、代わりに郡司の子弟を国府警備の兵力に充てたものである。軍団兵士の廃止の要因としては、兵士の質の低下を挙げる教科書のほかに、唐の衰退による対外的緊張の緩みを指摘する教科書もある。

　もうひとつ教科書で大きく扱われるのは、坂上田村麻呂らを派遣して行われた蝦夷との戦いで、この征夷事業によって律令国家の支配地域は拡大するが、805年の徳政相論の結果、天下の苦しみの原因であるとして、平安京の造営事業とともに中止されたことが記されている。なかには、こ

の征夷事業の中止が、蕃夷を支配する帝国型の国家構造の転換を意味すると述べている本もある。

中国皇帝の祭祀・服装を導入

　以上の事柄に加えて、近年の教科書で重視されているのが、桓武天皇が中国の皇帝と同じ祭祀を実施することによって、自己の権威の強化を図ったという点である。中国の皇帝は、冬至の日に都の南郊で天帝と王朝の初代皇帝を祀る昊天祭祀（郊祀）を行ったが、桓武はその祭祀を長岡京の南、河内国（大阪府）交野で二度にわたり実施したのである。これは天皇が唐風化し、天命思想に支えられた中国の皇帝に接近していることを示している。ほかにも桓武朝には、中国皇帝の宗廟祭祀の考え方を取りいれて、天皇・皇后の命日である国忌の制度を再編するなど、天皇を支える論理の唐風化がみられる。このような、中国的君主に近づこうとする桓武の姿勢が、教科書でも重点的に描かれるようになったのである。

　この天皇の唐風化という傾向をさらに推し進めたのが、809年（大同4）に即位した嵯峨天皇である。820年（弘仁11）に天皇の服装に関する詔が出され、神事の際には伝統的な白の装束である帛衣を着ける一方、元日の朝賀で

孝明天皇（江戸末期）の冕冠と袞衣（宮内庁所蔵）

明・清時代の皇帝が天帝を祀った天壇（北京、ふれあい中国提供）

は中国皇帝が用いた袞冕十二章とよばれる華やかな礼服・礼冠を身にまとい、また定例の政務報告を受ける際などには、中国皇帝の服色にならった黄櫨染という色の服を着用することが定められた。神事以外の場面では、天皇の服装が唐風化することになったのである。

唐風化の傾向は、天皇のあり方だけに止まらない。818年に詔が出され、天下の儀式、男女の衣服、拝礼作法などが、中国風に改められている。貴人に対する伝統的な拝礼作法は、這いつくばって進む匍匐礼や、跪いて行う跪礼であったが、この詔で跪礼が廃止され、立ったままお辞儀をする中国式の立礼に変更されたのである。また、同年には、内裏の建物や大内裏の門の名前が中国風に改称されていて、これは教科書でも紹介されることが少なくない。

跪礼をする人物埴輪（群馬県・塚廻り古墳群第4号古墳出土、文化庁所蔵）

このような818年の改革を受けて、821年には『内裏式』という儀式書が編纂されることになる。嵯峨朝には、空間の名称も含めて、中国的な儀式・作法の整備が大きく進むのであり、教科書でも嵯峨朝の特色として、弘仁格式の編纂のような法制の整備とともに、儀礼の唐風化がとりわけ重視されているのである。

「薬子の変」か「平城太上天皇の変」か

さて、嵯峨朝の出来事として教科書で必ず取りあげられるものに、810年に起きた「薬子の変」がある。嵯峨天皇と平城太上天皇との間に、「二所朝廷」と呼ばれるような政治的対立が生まれ、太上天皇が平城京への遷都を命じたのを機に、天皇側が制圧行動を起こし、太上天皇は兵を徴発して東国を目指すが、天皇側の軍勢に阻まれて出家したという事件である。正史の『日本後紀』は事件の責任を、太上天皇の寵愛を受けた藤原薬子とその兄の仲成に帰しており、この出来事は一般に「薬子の変」と呼ばれている。しかし、実際に事件を主導したのは太上天皇自身であったとする見方もあり、現在では「平城太上天皇の変」「平城上皇の変」と表現する教科書も増えている。

このような事件が生まれた背景には、奈良時代以来の天皇と太上天皇との対等な関係があり、嵯峨天皇はその弊害を解消するために、自らの譲位後は離宮に隠棲し、太上天皇は国政に直接関与しないという姿勢を示した。唯一の君主としての天皇の地位は、この段階でようやく確立したともいえるのである。

（三谷）

10 平安時代② 終わらない日中交流

　7世紀以来、中国の文物を日本にもたらしてきた遣唐使は、894年（寛平6）に菅原道真の意見によって廃止された。それ以降、中国文化の影響は弱まり、日本風の繊細で優美な貴族文化である国風文化が興隆した。かつての教科書では、9世紀から10世紀にかけての文化の推移が、このように説明されていた。遣唐使の廃止をきっかけに、唐風文化は大きく後退し、日本的な文化が独自の進化を遂げたというものである。しかし、研究の進展によって従来の認識は修正されるようになり、現在では教科書の記述も大幅に変化している。

遣唐使の「廃止」から「停止」「中止」へ

　まず変化してきたのは、894年の「遣唐使の廃止」に対する認識である。887年（仁和3）に即位した宇多天皇のもとで、838年（承和5）に渡海した遣唐使以来、約60年ぶりに遣唐使の派遣が計画され、894年8月、菅原道真が大使、紀長谷雄が副使に任命された。ところが、9月になって道真は、派遣の再検討を促す上奏文を提出する。かつての教科書は、この上奏文によって、260年余り続いてきた遣唐使の制度そのものが「廃止」された、という認識に立って書かれていた。

　だが、道真や長谷雄がその後も遣唐大使・副使の肩書を名乗っていることが注目されるようになり、894年以後も遣唐使派遣の可能性は残されたままであった、とする見方が強くなった。894年には派遣の可否について明確な決定は下されず、結論を先送りしているうちに、901年（延喜元）の道真の大宰府左遷や、907年の唐の滅亡などがあり、結果として新たな派遣が行われないまま遣唐使は終焉した、という考え方が有力になったの

である。このような認識の転換とともに、教科書の記述にも変化がみえ始め、現在では、894年の派遣が「停止」「中止」になったと述べるものが増え、同年に遣唐使の制度そのものが「廃止」されたとする記述は減っている。

「唐物」と巡礼僧

　以前は、894年の遣唐使の「廃止」に続いて、10世紀初頭に個人の海外渡航を禁止する法令（渡海の制）が出され、日本は鎖国的な状態になったと考えられていた。しかし、渡海の制は10世紀初頭に新たに制定されたものではなく、8世紀に編纂された律の条文に淵源があるとする説が有力になり、また正式な手続きを踏めば私人の海外渡航も可能であったことが指摘され、10世紀以降に日本が鎖国的になるという理解は通用しなくなった。さらに、中国からも商船が頻繁に来航し、陶磁器を始めとする多くの文物がもたらされるなど、10世紀以降も日中の間で、ヒトとモノの交流が活発に行われていたことが知られるようになった。979年に中国を統一した宋と、日本は正式な国交を結ばなかったが、民間レベルの日中交流はむしろ拡大していった、と理解されるようになったのである。

　このような研究成果を受けて、教科書の記述でも、10世紀以降の日中交流に多くの行数が費やされるようになった。九州の博多などに来航した中国商人を通じて、書籍・香料・薬品や、陶磁器のような工芸品、錦・綾のような高級織物などが輸入されたこと。そのような舶来品が「唐物」と呼ばれて貴族社会の憧れの的となり、大きな需要を持っていたこと。日本からは金や硫黄などが輸出されたほか、源信が著した『往生要集』なども中国に伝えられたこと。さらに、日本の僧侶が中国商船を利用して大陸に渡り、仏教の聖

鴻臚館跡出土の越州窯系青磁花文碗
（福岡市埋蔵文化財センター所蔵）

10 終わらない日中交流

奝然将来の木造釈迦如来立像
（清涼寺所蔵）

地である五台山や天台山を巡礼し、宋の文物を日本にもたらしたことが述べられている。10世紀末に東大寺僧の奝然が入宋し、京都の清涼寺に現存する釈迦如来像や、摂関家の所蔵となる経典をもち帰ったことは、多くの教科書で紹介される代表的な事例である。

唐風のうえに成り立つ「国風」

こうして、遣唐使の終焉以後も日中の活発な交流が続き、日本に対する中国文化の影響は弱まっていないことが認識され、国風文化も中国文化の影響なしには成立しえないことが強調されるようになった。教科書でも、中国文化の放棄ではなく、中国文化の咀嚼・消化のうえに国風文化が生まれたと記述されるようになった。

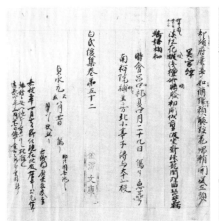

金沢文庫本『白氏文集』（大東急記念文庫所蔵）

国風文化の内容としては、かな文字の発達、『古今和歌集』に象徴される和歌の繁栄、『源氏物語』『枕草子』に代表されるかな文学の隆盛などが、現在の教科書にも書かれている。また、白木造・檜皮葺の寝殿造の住宅、日本の風物を題材とした大和絵なども、国風文化の主要なものとして掲げられている。一方で、和歌以上に漢詩の才能が重視されたこと、唐の詩人・白居易の漢詩文集『白氏文集』が愛好され、『源氏物語』『枕草子』にも同書の強い影響が見られることなど、中国文化のさらなる浸透も、現在の教科書には記されるようになっている。

　10世紀以降も、中国文化は貴族社会にとって不可欠のものであり、中国文化の基盤のうえに国風文化は初めて成立していた。そのような認識が、現在の教科書には定着しているのである。

（三谷）

11 平安時代③ 貴族社会を支える受領

　律令国家の地方行政は、都から各国に一定の任期で派遣される国司によって運営されていた。国司の中心をなすのは、守・介・掾・目からなる四等官であり、各国の政務は四等官の連帯責任制によって遂行されていた。ところが、9世紀後半になると、国司のなかの最上席の者（一般的には守）に地方行政の権限と責任が集中するようになる。この最上席の国司が受領と呼ばれ、9世紀末には、受領が中央政府に対して各国の租税納入の全責任を負う体制が確立する。

否定的に描かれてきた受領

　10世紀以降の地方政治をめぐる教科書記述では、今も昔も変わらず、この受領が主役の位置を占めている。ただし、その描き方にはかなりの変化がみられる。かつての教科書では、受領の特徴として、過酷な徴税で私腹を肥やす強欲な地方官、という側面が強調されていた。しかし、近年の教科書では、任国内の支配体制を整え、国家財政を強力に支えた、平安貴族社会の支柱としての側面も描かれるようになっている。

　現在に至るまで、教科書では、受領の性格をよく表すものとして、二つの有名な史料が取りあげられてきた。ひとつは、12世紀前半の説話集『今昔物語集』に伝えられた、信濃守藤原陳忠にまつわる説話である。任期を終えて帰京の途にあった陳忠が、落馬して谷底に転落してしまったが、そのような状況でも、そこに生えていた平茸を採ることを忘れず、「受領は倒るる所に土をつかめ」と語ったというもので、受領の貪欲さを示すエピソードとされている。

　もうひとつは、988年（永延2）の「尾張国郡司百姓等解」である。

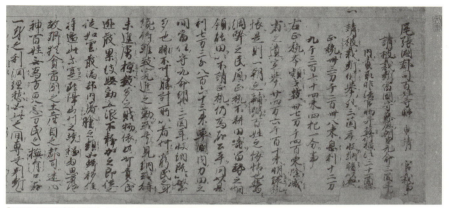

「尾張国郡司百姓等解」（早稲田大学図書館所蔵）

　尾張国（愛知県）の郡司と百姓が、同国の守藤原元命の非法を31か条にわたって列挙し、中央政府に直訴したもので、大幅な増税や、元命が都から連れてきた子弟・郎等の横暴などが訴えられている。10世紀末から11世紀前半に集中的にみられた、国司苛政上訴と呼ばれる現象の一例である。

　このような、暴政を働き、私利を貪る受領の姿が、かつての教科書では前面に出されていた。それに対して、近年の教科書には、そのような受領の姿を可能にした強力な任国支配体制そのものを、より詳しく記述しようとする傾向がみられる。

受領による任国支配の強化

　10世紀になると、受領は任国内の田地を「名」と呼ばれる徴税単位に編成し、有力農民をそれぞれの名の納税責任者である「負名」にして、租税の納入を請け負わせた。現在の教科書では、このような徴税の仕組みを「負名体制」と称している。

　それまでの律令制では、地方豪族である郡司が徴税の実務を担っていたが、負名体制の成立によって、郡司に依存せずに、受領が有力農民を直接把握する徴税体制ができあがった。それに伴って、郡司の執務場所である郡家が衰退し、受領の執務場所である国衙の重要性が増していった。受領

は、田所・税所・調所など、国衙行政を部門ごとに担当する「所」という機関を設け、それを統轄する目代に郎等をあて、行政の実務を担わせた。このような体制を前提に、官物・臨時雑役という新たな性格の租税が徴収された。現在の教科書には、以上のような受領による任国支配体制の強化が詳しく記されている。

客観的な受領の描写へ

強力な徴税体制によって、受領は中央政府への租税納入を果たすと同時に、莫大な私富を蓄積することも可能になった。そのため、受領の職は一種の利権とみなされ、成功によって受領に任命されたり、重任されたりする者が増えた、と教科書には書かれることが多い。成功とは、私財を提供して建物の造営などを請け負う見返りに官職を得ること、重任は同様にして同じ官職に再任されることをいう。さらに、受領への任命を希望して、人事権を握る摂政・関白などに金品を贈与する者が多かったと述べる教科書もある。

一方で、近年の教科書には、中央の官司で特定の要職を務めた者が、順

任国に下向する因幡守・橘行平の一行（『因幡堂薬師縁起絵巻』東京国立博物館所蔵）

番に受領に任命されるという仕組み（受領巡任（じゅんにん））に言及しているものもある。財力や有力者の意向という曖昧な要素だけでなく、規格化された受領任命の方式があったことにも注意が向けられているのである。

受領は、公卿（くぎょう）の会議で決められた各国への割り当てにしたがって、内裏（だいり）の造営を分担して請け負うようになった。国家財政の経費を諸国に賦課（ふか）する国充（くにあて）という方式で、受領による徴税体制の強化を前提としている。このような国家財政を支える受領の役割に対しても、近年の教科書は相応の注意を払うようになっている。

また、任期終了後には、受領功過定（こうかさだめ）という公卿の会議で勤務評定が行われ、国家財政を担う受領の統制が図られていたが、最近はこのことに触れる教科書もみられるようになった。かつての教科書では、私欲に走る貪婪（どんらん）な地方官として、受領を否定的に描くことが多かったが、現在の教科書では、受領にかかわる諸制度が、より客観的に記されるようになっているといえよう。

（三谷）

受領の館（『松崎天神縁起絵巻』模本、東京国立博物館所蔵）

12 平安時代④ 更新される摂関政治論

　教科書では、10世紀後半から11世紀半ばにかけての時期、村上天皇の死去から後三条天皇の即位までの約1世紀間が、「摂関政治」の時代として描かれることが多い。天皇が幼少の間は天皇の政務の一部を代行する摂政、天皇の成人後は文書の内覧などによって天皇の政務を補佐する関白が置かれ、その摂関が貴族社会を束ねて国政を領導するようになる。そして、10世紀末以降、藤原道長とその子息である頼通の政権時代が、そのような摂関政治の最盛期であるとされる。

重視される母后の力

　この摂関政治を可能にした条件として教科書でも重視されてきたのが、当時の貴族社会の婚姻慣行である。この時代の貴族男性は、正妻とは同居

『紫式部日記絵詞』（藤田美術館所蔵）に描かれた藤原道長

することが多かったが、結婚当初の邸宅は妻側のものである場合があり、子どもの養育でも妻側（母方）の影響力がきわめて強かった。そうした社会構造のなかで、天皇に関しても、母方の親族である外戚が後見として大きな発言力を持ちうる状況が存在した。摂関の権力の源泉には、このような天皇の外戚としての地位があったと一般には考えられている。

　摂関となる者は、自らの娘を入内させ、皇子を生ませることで天皇の外戚の地位を得てきた。近年の教科書では、この入内した娘、すなわち天皇の生母である母后の役割の大きさにも、注意が向けられるようになっている。即位の儀で天皇とともに高御座に登ったり、行幸の際に天皇と同じ輿に乗ったりするなど、母后はわが子の天皇と一体的な関係にあり、また摂関の任命にも関与するなど、一定の政治力を有していた。摂関政治の不可欠の要素として、そのような母后の存在がより重視されるようになったのであり、教科書では、その代表例として、一条天皇の母后である藤原詮子と、後一条天皇・後朱雀天皇の母后である藤原彰子（道長の娘）を挙げることが多い。

否定された「政所政治論」

　摂関政治のしくみに関しては、「政所政治論」と呼ばれる学説が有力とされていた時代があり、1970年代までの教科書には、その見方に依拠して書かれているものがあった。平安宮の内裏がしばしば焼亡し、里内裏（仮皇居）にされるようになった摂関の私邸が国政を執行する場となり、摂関家の家政機関である政所が太政官に代わって国政を動かすようになった、というものである。

　しかし、天皇が内裏以外に住んだ期間はそれほど長くなく、摂関の私邸が里内裏にあてられる場合も、摂関はよそに移り住むのであって、天皇と同居するわけではないことが指摘された。また、政所が扱ったのは、荘園の問題など摂関家の家政にかかわる事柄であり、国政にかかわる事柄は、依然として太政官の発給する文書で処理されていることが明確にされた。摂関は天皇を自邸に住まわせて意のままに操った、あるいは摂関家の政所が太政官の機能を奪い取った、という見方はすでに否定されているの

12　更新される摂関政治論　47

陣定復原図（京都大学総合博物館所蔵）

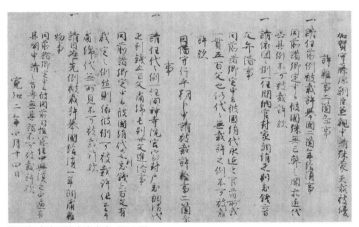

藤原行成筆の陣定定文案（個人蔵）

であり、そのような内容の教科書はもはや存在しない。

維持された太政官の機能

　現在の教科書では逆に、摂関期にも天皇の存在に大きな意味があり、太政官も国政の最高機関として十分に機能していたことが記述されている。この時代、太政官の政務には、「政」と「定」という二つの系統があったことが知られている。政とは、諸司・諸国から上申された案件をひとりの公卿（上卿）が決裁する政務であり、定とは、多くの公卿が集まって議

定を行う政務である。政では、内裏の東隣にある侍従所（南所）で行われた南所申文と、内裏内の左近衛府の陣座で行われた陣申文が重要なものとなった。これらの申文で処理できず、天皇の判断を仰ぐ必要がある場合は、大臣が太政官を代表して奏上した（官奏）。

　一方、定の代表的なものが陣座で行われた陣定であり、受領の統制や外交関係など、国政の根幹にかかわる重要問題が議題とされた。発議権は天皇にあり、諮問を受けた公卿たちが天皇に答申するという形態をとった。下位の公卿から順に意見を述べ、その趣旨を定文にまとめて天皇に奏上するが、複数の意見があればそのまま並記し、無理にひとつの結論に集約することはしない。最終的に決定するのは天皇で、陣定の審議結果は絶対的なものではなかったが、審議が不可欠な事項があったことも確かであり、陣定の意義をどのように評価するか、意見が分かれている。

　現在の教科書では、このような政と定という太政官の政務に言及することが多く、摂関期にも太政官の機能が維持されていたとする記述が定着している。また、摂関と天皇を対立的に捉えるのではなく、摂関の地位は天皇の権威と権力があって初めて成立していた、という認識も強く表れている。摂政・関白が天皇や太政官をないがしろにして、政治をほしいままにしていたという摂関政治のイメージは、教科書の世界でもすでに過去のものとなっているのである。

（三谷）

コラム 墨書土器が語る仮名の成立

　近年、仮名文字を記した墨書土器の発見が相次いでいる。三重県の斎宮跡からは、「いろは歌」の一部を平仮名で記した、11世紀末〜12世紀前半の土師器の皿が出土した。また、京都市・堀河院跡（平安京左京三条二坊九町）のかつての出土資料が再調査され、12世紀末〜13世紀初頭の土師器の小皿に、「いろは歌」の全文が平仮名で書かれていたことが判明した。「いろは歌」は、すべての仮名文字（47字）を一度ずつ使用した平安時代の歌で、手習いの手段として広く流布していたとされるが、従来、全文平仮名の確実な例としては、14世紀以降のものが知られるにすぎなかった。新たな墨書土器の発見は、そのような状況に風穴を開けるもので、平安時代における平仮名の普及について、これまでにない貴重な情報を提供している。

　教科書との関連で注目されるのは、2011年（平成23）に京都市の藤原良相邸跡（平安京右京三条一坊六町）から出土した墨書土器である。藤原良相は右大臣を務めた9世紀の有力者で、その邸宅内の池の跡から、仮名文字を記した土器が大量に発見されたのである。9世紀後半の墨書と推測され、一字ずつ離して書いた素朴な仮名から、連綿体で書いた流麗な仮名まで、実に幅広い書体がみられるという。9世紀の短い間に漢字（万葉仮名）から平仮名への変化が急速に進み、10世紀以降に広まる書体も、その頃すでに現れていたらしい。この時期の仮名資料はきわめて少なく、教科書でも867年（貞観9）の「藤原有年申文」がまれに紹介される程度であったが、今後は良相邸の墨書土器を取りあげる教科書も増えてくるだろう。

　教科書では、10世紀以降の国風文化の一要素として、仮名文字の発達と定着が記述される。9世紀における仮名文字の成立は、その前史として扱われるにすぎない。しかし、良相邸の墨書土器の出現で、研究状況は大きく変わりつつある。仮名文字の成立の問題は、教科書のトピックとして、いままで以上に重要なものになるかもしれない。

（三谷）

慈照寺銀閣（京都市）

中世

1086年（応徳3）		白河天皇譲位
1156年（保元元）		保元の乱
1159年（平治元）		平治の乱
1185年（文治元）		平氏滅亡
1192年（建久3）		源頼朝、征夷大将軍に
1221年（承久3）		承久の乱
1232年（貞永元）		御成敗式目の制定
1274年（文永11）		文永の役
1281年（弘安4）		弘安の役
1333年（元弘3）		鎌倉幕府滅亡
1334年（建武元）		建武の新政
1336年（建武3）		建武式目の成立
1392年（明徳3）		南北朝の合一
1401年（応永8）		足利義満、明に遣使
1428年（正長元）		正長の徳政一揆
1429年（永享元）		琉球王国成立
1457年（長禄元）		アイヌの首長コシャマイン蜂起
1467年（応仁元）		応仁・文明の乱
1543年（天文12）頃		鉄砲伝来
1573年（天正元）		室町幕府滅亡

13 平安時代⑤ 中世の始まりと武士の起源

　日本の中世はいつから始まると教えられているのか。新しい学習指導要領のもとで2012年度から使われている中学校歴史教科書7点では、「中世の日本」を武士のおこりや院政の開始から書き始めるものが5点、保元・平治の乱とその後の平氏政権から書き始めるものが2点となっている。2011年度に刊行された旧学習指導要領にもとづく教科書には、鎌倉幕府の成立から始まるものが3点あったから、中世の始まりが、鎌倉幕府の成立から院政の開始へとシフトしてきていることがわかる。

「院政の始まり」が「中世の始まり」

　日本史研究の動向を示すひとつの目安として、岩波書店の日本史の講座を例にとると、1970年代の『岩波講座　日本歴史』までは古代として扱われていた院政が、1990年代の『岩波講座　日本通史』から中世として扱われるようになっている。こうした研究動向が教科書にも反映されているといっていいだろう。

　この変化の根底には、律令体制の古代と幕藩体制の近世の間にある中世をどのように捉えるのかという問題がある。かつては中世を武家政権と荘園制の時代と捉えられていたが、武家政権を院政下における権力分掌の一形態と見る考え（権門体制論）が有力となり、荘園も国衙領（公領）と同じ構造をもつ荘園公領制として捉え直されたことから、権門体制と荘園公領制の時代として中世を捉えるようになってきたのである。

　では、院政の始まりはいつか。年表的には1086年（応徳3）に白河天皇が幼少の子息（堀河天皇）に譲位して院政を開始したとするのが普通である。しかし、摂関家を外戚とせず、白河院政につながる政策をとった後三

条天皇の時代を院政前史として、ここから中世の叙述を始めることが多い。また、堀河天皇時代には白河上皇の権力は抑えられていて、天皇が独自性を発揮していることが明らかにされたため、堀河天皇の死後を本格的な院政の開始と説明する教科書もある。

保元は摂関家内部、平治は院近臣同士の対立

こうした変化は、貴族の世から武士の世へと単線的に叙述されることが多かった教科書叙述にも影響を及ぼしている。例えば、保元・平治の乱。皇位継承と摂関家の対立から起きた保元の乱で貴族たちに力を見せつけた武士の平清盛と源義朝が争って平治の乱が起き、これに勝利した清盛がその後、政治の実権を握ったと説明されることが少なくなかった。しかし、実際には、摂関家の藤原忠実・頼長と忠通の父子・兄弟の対立が根底にあり、政治の主宰者である「治天の君」の地位を獲得できなかった崇徳上皇の不満がこれに結びついたことに保元の乱の遠因があった。

崇徳上皇方が挙兵したと言うよりも、事態を打開すべく、信西（藤原通憲）を中心とする後白河天皇方が清盛や義朝らの在京武士たちを動員して頼長らの崇徳上皇方を追い詰め、攻撃したのが保元の乱だった。その後、後白河院政下で院近臣の信西と藤原信頼が対立し、二条天皇による親政を志向する勢力が反信西の立場で結びついた。その中で信頼が義朝らの武

『平治物語絵巻』三条殿夜討巻（模本、国立国会図書館所蔵）

13 中世の始まりと武士の起源　53

力をたのんで起こしたクーデターが平治の乱であった。乱の主役は清盛・義朝ではなかったのである。多くの実力者が失脚していく中で、後白河院を武力と経済力で支えて昇進を果たした清盛が、結果として時代の勝利者となったというのが実像だろう。最近の教科書叙述は徐々にこうした内容に近づいてきている。

領主制的武士論から職能的武士論へ

武士論もこの20年で大きく変わった。有力農民が土地を守るために武装化したのが武士の始まりで、かれらは地方の開発領主に成長し、国司の任期後もそのまま任地に土着して豪族化した清和源氏や桓武平氏を棟梁に戴いて大武士団を組織したというのが、かつての記述である。これは、武士＝地方の領主と捉える領主制論と呼ばれる考え方にもとづく記述であった。それが近年では、武士は戦争や殺人を行う専業者であると捉える職能論と呼ばれる考え方にもとづき、都の朝廷や摂関家のもとで警固等の役割を勤め、武官の官職を得て京都で活動する中で成長していったことに注目する教科書も多くなっている。

また、大きな力を持っていた延暦寺・園城寺・仁和寺・興福寺等の宗教勢力（寺社権門）の存在なしに中世という時代を語ることはできない。院政を行

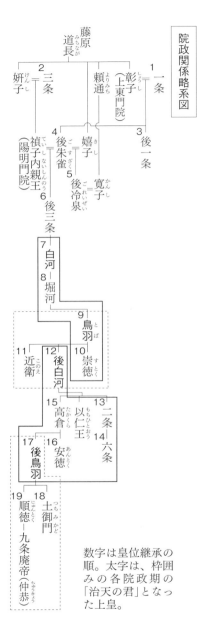

院政関係略系図

数字は皇位継承の順。太字は、枠囲みの各院政期の「治天の君」となった上皇。

白河上皇の春日御幸（『春日権現験記絵』宮内庁三の丸尚蔵館所蔵）

った上皇は、皇子をこれらの寺院に入れたり、御願寺である六勝寺に多様な出身寺院の僧侶を結集させたり、僧位僧官の人事権を行使したりして、寺社権門を抑え、公家権門・武家権門の頂点に立つ「国王」として君臨した。同時に寺社側も組織・教義等の中世的な変容を遂げ、権門として中世国家を支えたのである。

（高橋）

14 平安時代⑥ 平清盛と平氏政権

　これまでも平清盛はしばしばテレビドラマの主人公として描かれてきた。仲代達矢が主演し、平岩弓枝が脚本を書いた40年以上前の作品は名作として評判が高い。一方で、最近のあるドラマは、最新の研究成果を取り入れたことを標榜していたが、頭の固い軟弱な貴族たちが国をダメにし、粗野ながらも逞しい武士たちが「国づくり」に立ち上がるという半世紀以上前の歴史観から脱しきれなかったうえに、中世社会を規定していた身分的枠組みや社会通念をあまりに無視し過ぎていた点など、研究者からの評判は芳しくなかった。

中世像は、武家一辺倒から公家・寺社・武家の三位一体へ

平清盛（『天子摂関御影』宮内庁三の丸尚蔵館所蔵）

　天皇・貴族の世の中（古代）から武士の世の中（中世）へというわかりやすい枠組みは、小学校や中学校の歴史的分野では現在もなお踏襲されている。しかし、従来、「武家政権の成立」「武家政権の展開と社会の変化」と題されていた項目が、新しい高等学校の日本史Bの学習指導要領では、「中世国家の形成」「中世社会の展開」に変わった。これは、武士がつくった

政権一辺倒ではなく、天皇・貴族を中心とした公家(げ)勢力、権門(けんもん)寺院を中心とした寺社勢力、武家勢力が三位一体となっていた時代として中世を捉えるようになった研究状況を反映したものである。その点で、あのドラマの捉え方は小・中学校レベルにとどまっていた。

厳島神社（広島県、読売新聞社提供）

武力と財力で院に奉仕する平家

　30年前の教科書では、まず地方の武士団の成長を背景に、武家の棟梁(とうりょう)として清盛が力をつけ、高い地位と権力を手にしたことが述べられ、彼が院近臣(いんのきんしん)であったことや娘を入内(じゅだい)させて外戚(がいせき)となったことは副次的に記されていた。しかし、現在の教科書では、近臣として後白河院(ごしらかわいん)を武力で支えたことと、寺院の建立などの経済的奉仕によって昇進したことがまず記されている。後白河院と清盛とは、ドラマが描いたような、人生の双六(すごろく)勝負を対等にする関係ではなく、あくまで主人と奉仕者の関係なのである。

　清盛は武士出身であり、地方の武士を家人(けにん)に編成して地頭(じとう)に任命したり、大番役(おおばんやく)を課したりするなど、平家の武士支配には鎌倉幕府の御家人(ごけにん)制につながる部分もあるが、平家の権力のあり方は、必ずしも武家政権を目

壇ノ浦の戦い(『安徳天皇縁起絵図』赤間神宮所蔵)

指したものではない。娘を天皇の中宮とし、生まれた皇子を即位させたこと、経済的基盤が多数の知行国と荘園であったことから、摂関家に似ていて、貴族的な性格が強かったと見なしている教科書は多い。

　清盛の「平氏政権」はいつ成立したのか。後白河院を幽閉して後白河院政を停止させた1179年（治承3）のクーデターを画期と見なす教科書もあれば、翌年の外孫・安徳天皇の即位を重視している教科書もあって一様ではない。そこに至る権力獲得過程の中で、1167年（仁安2）に清盛が太政大臣になったことはどの教科書にも記されているが、太政大臣は人臣極める官職ではあるものの、職掌のない非常置の名誉職にすぎないから、この職に就いたことをもって彼が権力を掌握したかのように考えることはできない。

　では清盛の太政大臣就任にはどんな意味があったのか。これについて教科書は言及していない。もともと清盛は諸大夫という家格の下級貴族だったが、1166年の内大臣就任で、平家は大臣を出すことができる家になった。さらに清盛が太政大臣となり、1174年（承安4）に子息・重盛が右大

将となったことで、近衛大将から太政大臣に昇る清華家（摂関家に次ぐ第二の家格）の昇進コースに乗ることも可能となった。重盛の死去で実現には至らなかったが、次男・宗盛は大臣になって家を維持し、孫の世代は「公達」と称されるエリート貴族の昇進コースを獲得するに至った。清盛の太政大臣就任は、家格の上昇という点で大きな意味があったのである。

清盛は白河院の落胤か？

　一方で、この清盛の昇進は、貴族社会の家格秩序を崩すものであった。『平家物語』は、常識外れの昇進を説明しようとして白河院の落胤説を持ち出した。落胤譚は物語・伝承の世界のおきまりのパターンである。2012年度の高等学校日本史Bの教科書検定では、現在の学説状況は落胤否定説が有力であるとの認識に立つ検定意見が付されている。

　かつての教科書は、清盛の日宋貿易を遣唐使廃止以来の画期的なものとして高く評価していた。しかし、現在では遣唐使停止後も宋の商人によって大陸の文物は絶えずもたらされていて、特に12世紀後半には宋（南宋）・高麗との間で商船の往来が活発になっていたことが明らかにされている。貿易窓口である大宰府の役人を務めた清盛は、この流れに乗って、財力を投じて日宋貿易を推進したと、今日では位置づけられている。

　あのドラマでは、清盛が目指した国家間の貿易が200年余り後、足利義満の日明貿易によって実現したかのような結末であった。しかし、海商から貿易の利益を吸い上げていた南宋と、海商の活動を禁じ、冊封を行うことで直接対外関係をコントロールした明との違いを踏まえないといけない。清盛の時代に南宋と日本が直接国交を結ぶことは、日本としても中国としてもあり得なかったのである。

（高橋）

15 鎌倉時代①
いい国作った源頼朝と肖像画

「いい国作ろう鎌倉幕府」は昔の子どもの常識。いまの子どもたちの常識は「いい国作ろう　源頼朝」になっているのをご存じだろうか。かつて、年表には「1192年　鎌倉幕府が開かれる」と書かれていたが、いまは「源頼朝が征夷大将軍となる」となっている。

鎌倉幕府成立の画期

1192年（建久3）はあくまで頼朝が征夷大将軍に任じられた年であり、それをもって鎌倉幕府の成立時期とすることはできないという学界の常識がようやく浸透しつつある。それでもいまだに1192年をもって「名実ともに成立した」としている教科書は多い。鎌倉時代にしても室町時代にしても、征夷大将軍がいない時期もあるから、「幕府」にとって将軍が不可欠なものではないとわかっているのであるが、その呪縛から抜け出せていないのである。

では、鎌倉幕府はいつ成立したのか。この問いに対しては、「段階的に成立したので、断定でき

伝源頼朝像（神護寺所蔵）

60　鎌倉時代①

ない」と答えざるを得ないだろう。

18世紀の新井白石『読史余論』の記述や明治時代に編纂が始まった『大日本史料』の編別構成に見られるように、古くから1185年の守護・地頭の設置を画期とする説が有力だったが、それとても現在の学問状況からみると、守護・地頭を過大評価しすぎており、必ずしも適切ではない。

私自身は、1190年の頼朝上洛時に後白河院や摂政との直接会談が行われて、今後の政治体制が話し合われ、頼朝が平時における「朝の大将軍」と位置づけられたことを重視しているが、これは私一人の意見に過ぎない。

そもそも「鎌倉幕府」という用語自体が明治時代に作られた研究用語であるから、「幕府」の語義に大きな意味があるわけではなく、あの頼朝が作った政権体をどう捉えるのかという考えや立場の違いが、何をもって成立の画期と見なすのかという違いに現れるのである。

問題にされなくなった「封建制」

30年前の教科書では「封建制度」の説明にかなりのスペースを費やしていたが、現在の教科書では将軍や武家の棟梁と武士や御家人の主従関係を説明するときに「封建制度」「封建関係」の用語があっさりと使われている程度である。

「封建制」が旧習として糾弾された終戦直後に研究を始めた世代にとっては、「封建制」を問うことが大きな学問テーマのひとつであった。しかし、現在の中世史学界で「封建制」が論じられることはほとんどない。これも数十年で歴史の捉え方が大きく変化したからである。

移り変わる頼朝の「顔」

「源頼朝」と言ったときに、多くの人が思い浮かべるのは、凛々しい顔立ちに涼しい目元、髭をたくわえた、神護寺所蔵の肖像画に描かれた顔であろう。1979年（昭和54）放送のＮＨＫ大河ドラマ「草燃える」で石坂浩二が扮した頼朝の顔立ちも、あの画像をモデルにしているし、テレビ番組等で頼朝が取り上げられるときに決まって挿入されるのも、あの肖像画で

源頼朝木像（甲斐善光寺所蔵）

ある。もちろん教科書にも藤原隆信筆の鎌倉時代肖像画の傑作として「源頼朝像」が掲載されてきた。

しかし、いまの教科書に神護寺画像を「源頼朝像」として掲載しているものはない。すべて「伝源頼朝像」あるいは「源頼朝と伝えられる肖像画」となっている。神護寺画像が頼朝なのか、はたまた足利直義なのか、論争は続いているが、少なくとも頼朝像と断定することはできないという配慮からである（ちなみに文化庁による文化財指定名称は、もともと「絹本着色伝源頼朝像」である）。

さらに最近では、あの肖像画自体を載せずに、東京国立博物館所蔵の木像や、頼朝像として造立されたことが確実とされる甲斐善光寺の木像を掲載する教科書も増えてきている。

立派な神護寺画像と、簡素な甲斐善光寺像とでは、子どもたちが膨らませる頼朝のイメージもずいぶんと変わっていることだろう。

見直される肖像画

取り上げられる肖像が変わったのは、頼朝に限らない。

小学校で取り上げることになっている歴史上の人物42人のひとり北条時宗も、これまでは満願寺（熊本県）の肖像画（重要文化財「絹本着色伝北条時宗像」）が用いられることがあった。しかし、この像主を時宗の従兄弟に当たる北条定宗とする説が有力になったことから、『一遍上人絵伝』の鎌倉郊外の一場面に描かれた馬上の時宗を用いる教科書が増えてきた。満願寺画像を用いる場合は、もちろん「北条時宗と伝えられる肖像画」で

伝北条時宗像
(模本、東京大学史料編纂所所蔵)

馬上の北条時宗(『一遍上人絵伝』模本、東京国立博物館所蔵)

ある。満願寺画像を用いてきた中学校の歴史教科書は、2015年度、円覚寺(鎌倉市)所蔵の木像への差し替えを訂正申請し、認められた。様々な事情や条件がある中で、適切な肖像を選ぶのは難しい。

(高橋)

16 鎌倉時代②
「尼将軍北条政子」の実像

　2015年度使用の日本史の教科書に登場する中世の女性は、2人しかいない。鎌倉時代の源頼朝の妻・北条政子と、室町時代の足利義政の妻・日野富子である。高等学校の教科書では、文学作品の一覧表の中に『十六夜日記』の作者・阿仏尼や『とはずがたり』の作者・後深草院二条が登場することもあるが、載せている教科書は多くない。2015年度使用の小学校・中学校の教科書となると、北条政子が唯一の女性である。

承久の乱の名場面

　彼女の出番は、承久の乱。後鳥羽上皇の北条義時追討命令が出されて、動揺する御家人たちに、いまは亡き頼朝の御恩を説いて結束を訴える『吾妻鏡』か『承久記』の場面が史料として引用されている。小学校の教科書には、その場面がイラストで描かれているものもある。数年前まで、集まった御家人たちに政子が直接訴えかけるシーンが描かれていた。

　しかし、典拠となる史料を見てもそのような場面はない。鎌倉幕府の歴史書『吾妻鏡』によれば、御簾の中にいる政子の言葉は安達景盛という御家人を通じて、集まった大勢の御家人たちに伝えられているし、古活字

北条政子像（安養院所蔵）

『吾妻鏡』巻25, 承久3年（1221）5月15日条（国立公文書館所蔵）

本『承久記』では、北条義時・三浦義村の２人を前に言葉を発しているのみである。現在の教科書は、原史料の書きぶりに反しない範囲で、「北条政子の訴え」あるいは「北条政子の言葉」となり、イラストも御簾のなかに政子がいて、御簾の前に言葉を伝える人物が描かれるようになった。

歴史の大きな流れの中では些細なことであるが、歴史学が史料に基づく学問である以上、歴史教科書にも、史料に基づく記述、少なくとも「間違いとはいえない」記述が求められているのである。

戦後に定着した「北条政子」

その一方で、史料的な根拠はないが、すっかり一般に定着してしまっている記述や用語というのもある。たとえば、「北条政子」という人名がまさにそれである。彼女のことを「北条政子」と呼んだ同時代史料はない。

中世の女性に「〇子」型の名前がつけられるのは、女性が位を授かるための書類に名を記すときである。その際に、父などにちなんだ名が便宜的につけられた。北条時政の娘に「政子」の名がつけられたのは、1218年（建保６）である。夫・頼朝はそれ以前に亡くなっているから、彼は「政子」という女性を知らない。すでに出家していた彼女自身がこの名を使う

16「尼将軍北条政子」の実像　65

こともなかった。彼女が名乗った確実な名は、法名の「如実(にょじつ)」である。

叙位の書類には、出身の氏（本姓）を用いて「平 政子(たいらのまさこ)」と記された。「北条」は居住地・本拠地に由来する苗字であるから、北条の地と家を離れた政子が「北条」の苗字(みょうじ)を冠して呼ばれることはない。では、いつから「北条政子」と呼ばれるようになったのか。戦前の辞典類や著作をみても、「政子」「平政子」「二位の尼(にいあま)」とあるのみである。驚くことに「北条政子」の名が流布したのは、戦後なのである。しかし、すでに定着して久しく、教科書にもこの名で記されている。

「武家造」は寝殿造のバリエーション

中学生のころ、学年末テストに「鎌倉時代の武士は（　　　）と呼ばれる屋敷に住み……」という穴埋め問題が出たことを覚えている。私は「館」と書いたが、教師が示した正答は「武家造(ぶけづくり)」だった。それから数十年、いまの教科書に「武家造」の語はない。鎌倉時代の武士の邸宅は、平安時代以来の寝殿造(しんでんづくり)という建築様式のバリエーションのひとつであって、独自の建築様式ではないというのが、現在の建築史の通説であり、日本史辞典には現在では用いない用語と明記されている。

「館」は、「やかた」とも「たち」とも読む。『一遍上人絵伝(いっぺんしょうにんえでん)』『法然上人絵詞(ほうねんしょうにんえことば)』に描かれたような、周囲に堀・溝や塀をめぐらした屋敷は、この数十年で多数発掘された。かつての教科書には、荘園(しょうえん)や公領(こうりょう)の中心地を選んで構えられたと書かれるのみであったが、いまでは、河川近くの微高地、あるいは交通の要衝という立地条件が記されている。

門の上には楯や弓を置いたやぐら(たて)が備えられ、館の中には主殿や付属屋のほかに厩(うまや)（馬屋）などがあった。庭には鷹がいたり、馬屋には馬の守護神とされる猿が飼われていた。

こうした館の特徴を図版から読み取らせる工夫をしている教科書も多い。それが可能となったのも、現在の教科書がフルカラーとなり、判型もＡ５判からＢ５判へと大型化して、図版が見やすくなったからである。小さな白黒写真が添え物のように掲載されていた教科書しか知らない世代が、いまの中学校の教科書を見たら驚くに違いない。

武士の居館（模型、国立歴史民俗博物館所蔵）

　教科書が絵本化したと非難する声も一部にはあるが、情報量が増え、学習の幅が広がったのは間違いない。記述内容の質が担保されている限り、きれいな図版が多数掲載されていて、見ていて楽しい教科書が求められる今日の流れは止まらないだろう。

（高橋）

17 鎌倉時代③
元寇、蒙古襲来、モンゴル戦争？

　歴史上の事件や事象を何と呼ぶか、そこには使い手やその時々の評価・歴史観、後世の価値観などが入り込みやすい。研究用語のみならず、史料に出てくる言葉であっても、その史料の書き手の見方が投影されている。また、その時代には意識されていなかったものの、後の時代になって、差別的であるとの理由などで忌避されていった用語もある。

　1274年（文永11）と1281年（弘安4）の二度にわたって、九州北部を異国船が襲う事件が発生した。現在では、一般に前者を文永の役、後者を弘安の役と呼び、それらを「元寇」と総称することが多い。近年では、「元寇」を使わず、「蒙古襲来」あるいは「モンゴル襲来」をタイトルに用いた出版物も増えている。

「蒙古」か「モンゴル」か？

　最近になって「モンゴル襲来」の語が使われるようになったのは、「蒙古」と呼ばれることを好まないモンゴルに対する配慮かららしい。「モンゴル戦争」と呼んでいる研究者もいるが、モンゴルで起こった戦争と誤解されかねないこともあって、学界では市民権を得ていない。

　教科書では「元寇」の用語のみのものが多いが、「蒙古襲来」「モンゴルの襲来」を併記しているものもある。もっとも丁寧な中学校の歴史教科書は、当時の日本人はモンゴルを蒙古と呼び、この事件を蒙古襲来と呼んだこと、元寇の「寇」は外からの侵入を表す言葉であることまでもが説明されている。

　「元寇」の「寇」とは、本来、「仇」「敵」の意味で、「あだす」「あだなす」と読む。元が侵入した事件だから、元寇と呼んだのである。『日本国

語大辞典』(小学館) に載る「元寇」の古い用例は、1903年 (明治36) の教科書『尋常小学読本』であるが、それよりも早く、水戸藩が作った『大日本史』や頼山陽 (1780〜1832) の遺著『日本政記』でも用いられている。

『大日本史』が長い編纂過程のどの時点でこの語を使ったのかは不明であるが、江戸時代前半に書かれた新井白石の『読史余論』は「蒙古襲来」と呼び、林鵞峰の『続本朝通鑑』は特定の名称をつけていないから、江戸時代前半に「元寇」が一般的だったとは言えまい。対外関係に

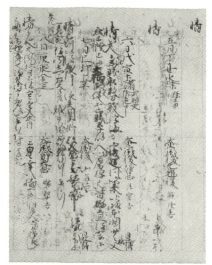

『兼仲卿暦記』文永11年巻、11月6日条 (国立歴史民俗博物館所蔵)

緊張感が生まれた江戸時代後期に使われはじめ、外国との戦争を強く意識した日清戦争〜日露戦争直前という時期に広まった用語なのだろう。

アジア史の中の「蒙古襲来」

「文永の役」「弘安の役」も、明治時代以降の用語である。「役」は、労働力の賦課を指す「役」の語が転じて、人民を徴発する戦争の意味に用いられた。かつて「役」と呼ばれた戦争はいくつかあったが、教科書では、「前九年の役・後三年の役」は「前九年戦争・後三年戦争」に、「西南の役」は「西南戦争」へと書き換えられた。現在、「役」が残るのは豊臣秀吉の文禄・慶長の役と、この文永・弘安の役くらいである。中学校歴史教科書では「秀吉の朝鮮侵略」と総称されていて「文禄・慶長の役」の語が使われていないことも多いから、文永・弘安の役のみがよく知られた「役」ということになる。

近年の動向としては、蒙古襲来を、元と日本との2か国間の関係だけでなく、高麗 (朝鮮) はもちろん、大越 (ベトナム) までも含めたアジア史

の視点で見ていこうとする教科書が増えてきている。高等学校の日本史教科書では、朝鮮の動きとして、元に服属させられた高麗の中で、最後まで抵抗運動を繰り広げた三別抄の乱について書くものが多くなってきた。また、九州北部を襲った事件だけではなく、樺太での元軍とアイヌとの戦いや、沖縄での戦いがあったことを補足的に説明している教科書もある。

敗因は暴風雨ではない？

　かつての教科書では、文永の役の元軍は暴風雨に遭って引き上げたとされてきた。最近の教科書では「暴風雨の影響もあって」と、やや含みを持たせた表現をしているものが多い。また、暴風雨に全く言及せずに、元軍の意向で引き上げたと読み取れるものもある。10月（太陽暦の11月下旬）に起こった文永の役での暴風雨の有無をめぐっては、これをまったく否定する見解や、冬の嵐（低気圧）とする説があり、遭遇したとする場合にも、博多湾内なのか、玄界灘に出てからなのか、異なった見方がある。

　元寇を取り上げるときに、必ず用いられる資料が、馬上の竹崎季長に向かって元軍の兵が矢を放ち、その間で「てつはう」と名づけられた火器が

復元された元寇防塁（福岡市）

『蒙古襲来絵詞』（宮内庁三の丸尚蔵館所蔵）「てつはう」の場面

　炸裂している『蒙古襲来絵詞』の一場面である。多くの人の蒙古襲来のイメージは、この場面に尽きるといってもいいかもしれない。しかし、料紙の継ぎ目に描かれた3人の元軍兵士は向きが他の兵士と反対で、筆致も異なっていることから、最近では、のちの補筆と考えられている。

　蒙古襲来は著名な事件ではあるが、伝聞史料や後世の編纂史料に拠っている部分が多く、良質な資料が少ない。まだまだ多くの謎が残されているのである。

（高橋）

18 鎌倉時代④
「鎌倉新仏教」はなぜ消えた

　歴史学の分野でも、歴史教育の分野でも、あまり注目されてはいないようだが、高等学校日本史Bの学習指導要領から「鎌倉新仏教」の語が消えた。旧学習指導要領で「鎌倉新仏教など文化に見られる新しい気運について理解させる」となっていた部分が、2013年施行の学習指導要領では「仏教の動向に着目して、……文化の特色とその成立の背景について考察させる」に変わり、学習指導要領の解説でも「この時期の仏教」と記されるのみで、「鎌倉新仏教」の語は使われていない。

　ただし、誤解のないように言っておくと、これは教科書や教育現場における「鎌倉新仏教」の語の使用を否定するものではない。では、なぜ「鎌倉新仏教」の語が学習指導要領から消えたのか。

　鎌倉文化というと、仏教の新しい動きとして、浄土宗・浄土真宗・時宗・日蓮宗・臨済宗・曹洞宗の始祖とそれぞれの教えが紹介され、武士や庶民に門戸を開いていったこれらの宗派が、この時期の仏教の大勢であるかのように記されていた。それ以外については、新仏教に刺激された旧仏教側として、法相宗の貞慶、華厳宗の明恵、律宗の叡尊・忍性の名があげられる程度であった。

　武士を中世社会の担い手と見て、武家政権の成立と展開の歴史こそが中世の歴史なのだと考えられていたから、貴族のための旧仏教に対する、武士のための新仏教が研究の中心となっていた。また、現代の仏教教団には鎌倉時代に始まりを求めるものが多く、僧籍を持つ研究者による教団史の解明が仏教史の中心となっていたこともその背景にあった。

踊り念仏（『一遍上人絵伝』東京国立博物館所蔵）

顕密仏教と新仏教

　こうした従来の理解と研究動向に対して、中世においては、天台・真言系や南都（奈良）の、いわゆる顕密仏教が主流であり、新仏教と呼ばれているものは少数派で異端に過ぎないという見方が広まり、現在では通説的な位置を占めるに至った。

　また、始祖とされる僧侶の時代に宗派として教団化していたわけではなく、室町時代〜戦国時代に教団化し、江戸時代初期までに独立した宗派として公認されていくことが明らかにされた。現在では、法然が浄土宗を開いたという説明ではなく、法然はのちに浄土宗の宗祖と仰がれたと説明されるようになったのである。新仏教を特徴づける念仏・法華信仰・禅などの要素、易しい修行やひたすら取り組む「専修」といった側面も、顕密仏教の中に内在しており、連続性があるから、どこまで「新仏教」と言えるのかという疑問も出されている。

　こうした研究状況を踏まえて、学習指導要領から「鎌倉新仏教」の語が消えた。教科書では、これまで通り「新仏教」を中心に説明しているもの

東大寺南大門（奈良市）

もあれば、「鎌倉仏教」として全体を捉えようとしているもの、顕密仏教が主流であったことを最初に述べたうえで、新しい潮流を説明しているものなどもあって、多様な書きぶりが見受けられる。

鎌倉文化の担い手

「武士らしい素朴で力強い気風の反映」というのが、鎌倉文化を説明するときの決まり文句であった。東大寺南大門の金剛力士像（運慶・快慶らの作）や『平家物語』などの作品が鎌倉文化の代

金剛力士像（東大寺）

表であり、和歌でも武士出身の西行が代表的歌人として取り上げられてきた。一方、鴨長明は『方丈記』の中で戦乱・飢饉や移りゆく世を嘆き、吉田兼好（現在は兼好法師と呼ばれることが多い）は『徒然草』でこの

世を厭いながら批判的なまなざしを注いでいた。多くの人が持つ鎌倉文化のイメージは、そんなところだろう。

　鎌倉時代のとらえ方そのものが変わった今、文化についても書きぶりが見直されつつある。現在、半数以上の中学生が使っている教科書は、後鳥羽上皇が中心となって編纂した『新古今和歌集』を最初に取り上げる。貴族による朝廷文化の見直しを文化の新しい動きとしてとらえ、幕府にも影響を与えたと書いているのである。また、別の教科書でも、貴族を中心とした伝統文化が鎌倉文化の基礎になっていたことが書かれている。

時代の縮図としての東大寺再建事業

　ある教科書は、東大寺南大門を説明する中で、源頼朝が東大寺再建を援助し、天皇・貴族や大寺社と協調する姿勢をアピールしたことに触れている。

　東大寺再建は、朝廷と幕府の共同事業として行われ、寺社勢力も総力を上げてその一翼を担った。幕府に期待されたのは、経済的負担と法会の場の警固（守護）であった。大仏殿では天台系・真言系の仏事が行われ、顕密体制外の遁世僧は勧進聖として造営費用を集めた。西行もその一人である。大仏には日宋貿易でもたらされた銅銭も鋳溶かして用いられた。造営責任者の重源は伊勢神宮に参詣して造寺祈願の読経を行い、王権の象徴とも言われる宝珠を得た。彼の指揮のもとで宋人・日本人の職人が工事を担い、運慶らの南都仏師が仏を造った。

　この東大寺再建供養こそ、鎌倉時代前期の政治・宗教・文化・外交の縮図ともいえるものであった。

（高橋）

19 室町時代①
革命を目指す新しい後醍醐像

　蒙古（モンゴル）襲来での奮闘にもかかわらず、御家人たちは恩賞がもらえず、幕府に対する不満を募らせた。困窮した御家人を救うために幕府は徳政令を出したが、効果はなく、かえって経済が混乱した。各地には幕府や荘園領主などに従わない「悪党」と呼ばれる勢力が登場した。幕府を倒す好機とみた後醍醐天皇が挙兵し、足利尊氏や新田義貞らの御家人もそれに呼応して、幕府を倒した。後醍醐天皇は、公家と武家の力を合わせて、天皇中心の新しい政治（建武の新政）を行ったが、実際には公家を重んじたため、武士たちが不満を持った。それをうけて足利尊氏が反旗を翻して新しい天皇を立て、後醍醐天皇は吉野に逃れて、二つの朝廷が並び立つ南北朝時代となった──。

　多くの読者の頭にある鎌倉幕府の滅亡から建武の新政、南北朝に至る過程は、以上のような流れだろう。現在の教科書でも、このように説明しているものは少なくない。

御家人は蒙古襲来より分割相続で困窮

　しかし、中学生の半数以上が使っている教科書は、恩賞に関する御家人の不満が高まったと書いていない。むしろ『蒙古襲来絵詞』の竹崎季長を例に、恩賞獲得のための涙ぐましい活動を紹介している。蒙古襲来に動員された武士は、九州地方に所領を持つ武士のみであったから、従来のように、この戦で恩賞がもらえなかったことを、全国の武士が困窮した理由とするのにはやや無理があろう。

　御家人が困窮していく要因として説明されているのは、分割相続による所領の細分化である。この時代には、嫡子のみならず、他の男子、女子に

悪党（『聖徳太子絵伝』四天王寺所蔵）

も所領を譲るのが一般的であったから、世代の降下とともに所領は減っていった。他家に嫁ぐ女子への譲与を、その女性が生きている間だけ認め、死後は実家が取り戻す「一期分」にするなどの対策もとられたが、所領の分割を認めない嫡子単独相続が一般化するには至らなかった。

期待に押しつぶされた幕府

　この教科書は、幕府への反感も、北条氏による役職の独占と独裁に対するものではなく、実権を握る北条氏の失政に起因すると捉えている。たしかに、この時期には武士の生活の根幹を左右する相続や訴訟に関する法制度がしばしば変更されるなど、右往左往する幕府の様子がうかがえる。

　鎌倉時代には、幕府が朝廷の権限を次々と奪って権力を拡大していくイメージがあるかもしれないが、鎌倉幕府ほどいやいややらされている権力体も珍しい。頼朝の家政機関から出発した幕府は、自分たちの分限をわかっていた。朝廷の政治にも、わき上がる裁判にも極力関わりたくないと思いながら、期待を一身に集めて任されてしまう。責任と負担をおわされ、

後醍醐天皇像（清浄光寺所蔵）

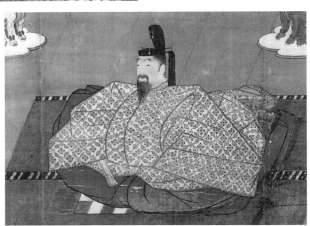

後醍醐天皇像（大徳寺所蔵）

結局、それに押しつぶされてしまったのが、鎌倉幕府なのではないだろうか。

「悪党」も単なる不満分子という書き方ではない。蒙古襲来のころから、日本社会が大きく変動し、交通が活発となって港湾が栄えると、その経済力で豊かになった武士は幕府に従わなくなった。その中に荘園領主の使者

78　室町時代①

を追い出したり、年貢を奪ったりする「悪党」と呼ばれる武士たちもいたという書きぶりになっている。「悪党」という名称そのものは、体制側からみた「悪い連中」というレッテルであるが、その実態は、これまでの武士とは違う経済基盤を持った新興の社会集団だということが注目されているのである。

　後醍醐天皇の挙兵については、幕府の衰えを見て朝廷の実権を取り戻そうとしたとする教科書が多いが、それに加えて、天皇親政の理想を実現させる意図があったこと、あるいは幕府の調停による両統迭立（りょうとうてつりつ）に対して不満があったことを記しているものもある。

「新政」「中興」から革命を目指す後醍醐像へ

　後醍醐天皇の新しいイメージは、肖像画に見て取ることもできる。2015年度使用の新課程の中学校歴史教科書では、1点が冠に強装束姿（こわしょうぞく）の肖像画（大徳寺所蔵）を使うほかは、中国風の冠に法服を着て密教（みっきょう）法具を持つ姿の肖像画（清浄光寺所蔵）を用いている。これは、後醍醐天皇の「異形（いぎょう）の王権」を象徴するとされている肖像画である。神仏の生まれ変わりとして描かれていると考えられることや、天皇自ら法服を着て護摩（ごま）を焚き、幕府の転覆を祈禱したと言われることを説明している教科書もある。

　建武の新政は、かつて「建武の中興（ちゅうこう）」と評された時代があった。「建武の中興」とも記す2点の教科書のうちの1点が、後醍醐天皇が宋の朱子学（そうのしゅしがく）の影響を強く受けていたと説明しているのは注目される。この時期の朝廷最上層部には、宋学の影響を受けた天命（てんめい）思想や革命思想が定着しつつあった。それを考え合わせると、後醍醐天皇の政治が単なる復古ではなく、天皇を主体とする「革命」であったと見ることもできるのである。

（高橋）

20 室町時代② 義満は天皇を超えたのか

　最近の中世史学界で、もっとも活況を呈しているのは、足利義満ら室町将軍家とその時代に関する研究である。かつてのような管領や守護大名との関係や施策といった視点ではなく、幕府の儀礼や朝廷・公家との関係に、若手研究者の関心が高まっている。義満が左大臣として朝廷政治を主導したことなどに注目し、室町幕府を単なる武家政権と捉えるのではなく、公家たちも構成員に取り込んだ新しい中世国家の形として位置づけようというのである。外交についても、輸入された文物の政治的な意味などが問われている。

最新の研究動向が教科書に反映されるまで

　しかし、こうした研究動向が直ちに教科書に反映されるわけではない。歴史学の分野では、学術論文や専門書で提示された新しい説が学界に受け入れられ、概説書や通史類を通じて流布し、一定の評価を得ている見解として教科書に載るまで、10年以上の年月がかかる場合が多い。最新の自説や少数説のみを書こうとする教科書執筆者もいるが、生徒たちが日本史を学ぶための教科書であることを考えると、やはり問題があろう。
　注目を浴びた新説でも、その後の検証によって否定的な意見が相次いだことで、教科書への掲載が見送られるケースがある。足利義満による王権簒奪説もそのひとつである。
　古くから田中義成や臼井信義が提示していたこの説は、今谷明氏の概説書『室町の王権』（中公新書、1990年）や通史『日本国王と土民』（集英社版「日本の歴史」9、1992年）を通じて広まり、作家による同趣旨の著作や、テレビの歴史番組を通じても流布していった。2002年に検定合格し

た高等学校の日本史教科書には、脚注の中ではあるが、「太政大臣昇進をはたした義満は、みずからを上皇（法皇）の地位に高める野望をもっていた」という、この説を踏まえた記述が登場した。しかし、王権簒奪説には検討が加えられ、史料解釈に飛躍があるなどの批判が数多く出された。最近刊行された通史類も、この説には批判的である。

足利義満像（鹿苑寺）

こうした研究状況を踏まえて、2011年度に検定申請された図書の「太政大臣昇任を果たした義満は、みずからを上皇（法皇）の地位に高め、息子を皇位につける野望を持っていた」との記述に対しては、「足利義満の行動ないし『野望』とするのは、誤解するおそれのある表現である」との検定意見がついた。貴族たちが義満を上皇に擬す形で儀式を行ったことや、死後に「太上天皇」の称号が贈られようとしたことは記録類から確認できるが、義満「みずから」が上皇になろうとしたことは確認できない。また、子息・義嗣の元服が親王の元服儀礼に準拠した形で行われたことは確かだが、それをもって「皇位につける野望」とするのは飛躍がある。その結果、「太政大臣昇進を果たした義満に、息子を親王に擬した形で儀式をおこなうなど権勢をふるった」に修正された。

義満は「法皇」になって力をふるったのか？

足利義満については、2010年度の中学校歴史教科書の検定でも、「出家して法皇の立場となった義満は、天皇と将軍の上に君臨する最高支配者として、武家や公家ばかりでなく、僧侶にまで強い力をふるいました」とい

「公方様」(『洛中洛外図屏風』上杉博物館所蔵)

「くほうさま」(『洛中洛外図屏風』国立歴史民俗博物館所蔵)

う記述に、「義満が『法皇』となって、天皇の上に立ち、『僧侶にまで強い力』をふるったかのように誤解するおそれのある表現である」との検定意見がついた。出家して法皇になったから、僧侶に対して力を及ぼすことができたという誤解が生じないようにという趣旨の意見である。この記述は、誤読しそうな部分を修正し、さらに、出家によって天皇を中心とする

律令制的な身分的枠組みを離れたと考える説を踏まえた形で、「出家して天皇の臣下の立場でなくなった義満は、天皇と将軍の上に君臨する最高支配者となり、武家や公家、僧侶に対して強い力をふるいました」に書き直された。

検定意見と修正の実例は文科省のウェブサイトに

　義満や室町幕府に関する記述の中で、多くの教科書が載せている洛中洛外図の将軍御所についても、検定意見がつくことは多い。たとえば、上杉本の『洛中洛外図屛風』（米沢市上杉博物館所蔵）に描かれた邸宅を義満の建てた「花の御所」だと説明している記述に対しては、上杉本に描かれた「公方様」の邸宅は、のちに再建されたものなので、義満が建てた「花の御所」と誤解しないような書きぶりが求められた。また、「花の御所」跡よりもやや北に建てられた「柳の御所」を描く町田本（国立歴史民俗博物館所蔵）の「くほうさま」の邸宅を「花の御所」と説明するものについても、検定意見が付されている。

　歴史教科書の検定が肯定的に取り上げられることは少ない。だが、歴史分野の申請図書に付された検定意見や修正内容は、文部科学省のウェブサイト上に「教科書検定結果」の事例として掲載されている。一読すれば、教科書そのものや歴史教科書の検定に対するイメージが少し変わるかもしれない。

（高橋）

21 室町時代③
将軍2人、幕府も分裂、戦乱の世へ

　京都の観光ガイドブックには、織物の街「西陣」の名は、応仁の乱の時に西軍の陣が置かれたことに由来すると書かれている。「京都で、この前の戦争というと、応仁の乱のことなんだよ」という笑い話を聞いたことがあるかもしれない。

　小学校における室町時代の学習は文化中心ではあるが、この時代に応仁の乱が起こったことは教科書に書かれているから、誰もが一度は「応仁の乱」という事件の名は耳にしたことがあるだろう。ただし、応仁の乱は京都で起きた戦程度の認識であって、室町時代のイメージの大部分を占める金閣や銀閣との関係までは、なかなか思い至らないに違いない。

「応仁の乱」から「応仁・文明の乱」へ

　しかし、中学校の歴史教科書には、もう少し多くのことが書かれている。

　銀閣を建てた将軍・足利義政や管領家の跡継ぎをめぐる問題と、有力守護大名の細川氏と山名氏の対立に原因があることや、1467年（応仁元）からの11年間に及ぶ戦乱で京都は焼け野原になり、室町幕府の力が衰えたこと、戦乱は地方にも広がっ

「西陣」の碑（京都市）

足軽（『真如堂縁起絵巻』真正極楽寺所蔵）

て、戦国時代につながっていくことが記されているし、すべての教科書に、この戦乱での足軽の活動を描く『真如堂縁起絵巻』が図版として掲載されている。これらの点については、最近の教科書も、数十年前の教科書も大差はない。

　では、近年の研究動向は、教科書に反映されていないのかというと、そんなことはない。まずは出来事の名称である。多くの教科書が「応仁の乱」の名称を用いているが、2015年使用の中学校の歴史教科書の1点と高等学校日本史Ｂの教科書3点は「応仁・文明の乱」と記している。応仁の年号は3年目で文明に改元されており、乱の大半は文明年間の出来事になるから、通史類や日本史辞典などでは「応仁・文明の乱」の名称が使われることも多くなってきた。

　内容的に大きく変わったのは、二つの幕府の存在を記述する教科書が登場したことであろう。戦乱は当初、義政が後継者とした弟・義視を支持する細川勝元の東軍と、義政と日野富子との間に生まれた義尚を支持する山名持豊（宗全）の西軍にわかれ、乱の勃発直後は東軍が将軍御所を占拠して義政・義尚・義視を迎え取り、義政から正規の幕府軍と認定されて優位に立った。

足利義政像（東京国立博物館所蔵）

しかし、中国・北九州の大軍を率いた大内政弘が西軍に加わって盛り返すと、義視が御所を抜け出して西軍に入り、西軍は彼を将軍として迎えた。この結果、東西にそれぞれ将軍を擁立した幕府が並び立つこととなった。2人の将軍という状態は、義視が美濃（岐阜県）に落ち行き、西幕府が解体する1477年（文明9）まで続いた。二つの幕府の並立を説明するには、ある程度、政治状況の変化や戦乱の推移を叙述する必要があるから、平易な教科書では記述が難しいが、いくつかの詳しい教科書には書かれている。

戦国時代の始まりとしての「明応の政変」

その後、再び幕府は分裂した。義尚が早世し、義政も亡くなると、義視の子・義材（義稙）と義政の弟・政知の子との間に後継者争いが起こり、元管領（この時期、管領は常置されなくなっていた）の細川政元によって将軍・義材が廃されて義澄が将軍に擁立される事件が起こった。近年の研究の中では、戦国の下剋上時代の始まりと評価されている、この「明応の政変」を載せる教科書もいくつか登場している。

また、災害史に対する関心の高まりもあって、大型台風による被害などを要因として発生した寛正の飢饉（1460～1461年）と応仁の乱との関係に着目する教科書もある。被害が大きかった地域での紛争が、そこを領国とする管領・畠山家の分裂抗争に拍車をかけ、京都に難民が押し寄せるきっかけになったというのである。

足軽像も義政・富子像も一変

　足軽の図版では、身軽な姿であったことと、集団戦法を用いたこと、時に放火や略奪行為に及んだことが説明されてきた。最近の教科書では、それに加えて雇い兵であったこと、下層の都市民や地方から流入した者が多かったことに言及しているものもある。これは足軽を軍事的な側面だけでなく、室町時代の社会構造や都市の問題として捉えようとする研究動向とも重なる。一条 兼良の『樵談治要』の記述から、このころ登場したと説明されることもあるが、「足軽」の名称自体は『太平記』にも見える。社会的に大きな存在となり、彼らの行為が問題となってきたのがこの時期だったということだろう。

　義政は政治に意欲をなくし、富子が息子を溺愛して、義視とその後ろ盾の細川勝元を追い落とそうとしたという応仁の乱の古いイメージは、軍記物『応仁記』によって作り出された。近年、室町時代の政治過程の緻密な分析が進み、研究者の間では義政像も富子像も大きく変わってきている。若手研究者の研究成果が相次ぎ、いま一番ホットでおもしろいのは、室町時代だといっても過言ではない。

（高橋）

22 室町時代④
社会経済史から文化史へ

　小学校6年生の歴史の授業で、室町時代を習った記憶はあるだろうか。鎌倉時代の源頼朝や元寇、戦国時代の織田信長や太閤検地などの印象に比べると、「これを習った」「これが出てきた」という具体的な事柄が浮かんでこないかもしれない。惣と呼ばれる村の自治や同業者組合の座が出てきたことを覚えていれば、たいしたものである。印象が薄い原因の一端は、小学校の学習指導要領にもあった。

社会経済中心だった室町時代

　1971年（昭和46）施行の小学校学習指導要領の中世部分は、「源平の合戦や鎌倉幕府の創立、武家社会にみなぎった質実剛健の気風、蒙古襲来の国難をしりぞけた当時の人々のはたらき、また、室町時代の末ごろまでには、物資の流通や商業も盛んになり、村や町も発達したことなどを、人物や物語、伝承などを活用して重点的に理解すること」となっていた。流通・商業の活発化や村・都市の発達が室町時代の主たる学習事項とされているから、教科書も社会経済の話が中心となっていた。そのため、具体的な事件や人物がイメージしづらかったのだろう。

　1980年施行の学習指導要領になると、「源平の戦い、鎌倉幕府の政治、元との戦いなどを通して武士が勢力をもつに至ったころの様子及び鉄砲やキリスト教の伝来、織田・豊臣の全国の統一などの様子について、人物の働きや文化遺産を中心に理解すること」になって、室町時代の学習内容が具体的には示されなくなってしまった。

　ただし、人物と文化遺産中心の歴史教育を初めて打ち出したこの学習指導要領にもとづく教科書では、室町時代の人物として、足利義満・足利義

政などが取り上げられている。かれらを通じて金閣・銀閣、応仁の乱などについては学習したはずである。

1992年施行の学習指導要領からは、足利義満・足利義政・雪舟の3人が取り上げられることになった。さらに「京都の室町に幕府が置かれたころの代表的な建造物や絵画などについて調べて、そのころ新しい文化が生まれたことを理解すること」との一文が入って、文化史中心の室町時代学習が求められた。

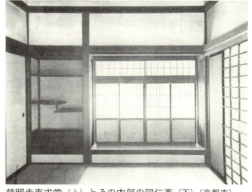

慈照寺東求堂（上）とその内部の同仁斎（下）（京都市）

最新の学習指導要領は文化史中心

現在の学習指導要領（2011年施行）も、室町時代については、この内容をほぼ踏襲している。したがって、義満と義政も、金閣・銀閣に代表される室町文化の担い手として取り上げられている。今なお、村や都市のくらしにページを割いている小学校の教科書もあるが、その比重は明らかに低くなった。

現在の小学校における歴史教育は、いわゆる暗記物ではない。児童みずからが調べ、地図・年表・カードなど様々な形でまとめて発表し、意見を出し合ったりする、調べ学習と表現活動を重視している。そのため、教科書には、学び方・調べ方や発表方法のポイント、注意事項などが盛り込まれている。また、博物館や遺跡の見学にとどまらず、実際にモノに触れる

会所(『慕帰絵』西本願寺所蔵)

体験学習も取り入れられている。

　その体験学習に取り上げられるのが、室町文化である。学習指導要領の解説では、体験的な学習を通じて室町文化に関心を持つような取り組みが求められているから、教科書では、茶の湯や生け花、水墨画、能・狂言などの体験を促すとともに、児童が体験している場面の写真が掲げられている。さらに、能楽師・狂言師へのインタビューや体験レポートを載せている教科書もある。

「北山」「東山」は一体化

　高等学校の日本史教科書は、義満時代の北山文化と義政時代の東山文化を分けて叙述していることが多いが、小学校段階では、この時代の文化は「室町文化」と一括されていて、北山文化と東山文化の別に言及している教科書はない。中学校歴史教科書でも、北山文化・東山文化を区別しているのは2点のみである。これは学習深度の問題もあるが、義満期と義政期の間にあたる義持・義教期の重要性を考慮して、連続した「室町文化」として捉えようとする近年の研究動向とも合致している。

　教科書が描く室町文化は、公家文化・武家文化・禅宗文化などのさまざまな文化的要素の融合や、地方や庶民への広がりを特徴として説明され

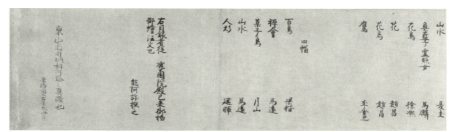

御物御画目録　奥書（写本、東京国立博物館所蔵）

ることが多く、現代の日本文化の直接的な源流とも捉えられている。最新の研究が注目しているのは、会所という文化空間と、「東山御物」と称される室町将軍所有の文物コレクションである。会所は選ばれたメンバーだけが入れる閉ざされた空間だが、その中では貴賤の区別がなかった。連歌や茶の湯の発達には、会所の成立が不可欠であった。東山御物の中心は「唐絵」「唐物」と呼ばれた中国製の絵画や道具類である。室町文化は、室町殿の会所における「唐物趣味」の文化という面を持っていた。しかし、それは中国文化に対する一方的な崇拝やあこがれだけではなかった。和漢の語を交えていく「和漢聯句」に象徴されるように、日本的な文化と中国文化の新たな融合でもあったのである。

（高橋）

室町時代⑤

23 更新される一揆のイメージ

　室町時代は「一揆の時代」とも評される。力をつけてきた民衆が立ち上がった時代であり、苦しめられた民衆は借金の帳消しを求めて土一揆を起こし、支配者を倒して自治を行って、平等で平和な国をつくろうとしたと教えられたかもしれない。そう教わった人たちにとっては、農民が竹槍や鍬・鋤を持って立ち上がり、領主や金持ちを襲う姿が、「一揆」のイメージになっているに違いない。また、「一揆」に1950年代から1960年代の労働運動や学生運動を重ねて、特別な思いを寄せる世代もあるだろう。

「起こす」ではなく「結ばれる」一揆

　しかし、30年前でも高等学校日本史の詳しい教科書には、これとは違った「一揆」の本来の意味やあり方が記されていた。南北朝時代、守護大名の力が弱い地域では、国人と呼ばれた地頭クラスの地方武士たちが紛争解決や支配のために一致団結した「国人一揆」を形成したことや、「一揆」とは、目的を実現するために神仏に誓約して一致団結した状態（「一味同心」）の集団を結ぶこと、その集団を指すと説明されている。こうした「一揆」が国人層のみならず、村の百姓層や商工業者の間でも、それぞれ結ばれた。したがって、「一揆」は本来「結ばれる」ものであって、「起こされる」ものではなかったのである。

一向一揆の旗（長善寺所蔵）

柳生の地蔵菩薩と碑文
（奈良市教育委員会提供）

　この「一揆」の説明は、現在の高等学校日本史教科書でも大きくは変わっていないが、中学校の歴史教科書にも掲載されるようになって、ほぼ定着してきた。さらに、最新の研究は、村の堂に集まって起請文を焼いた灰を溶かした水を飲んで神仏に誓うといった呪術性や、階級闘争のイメージを克服し、縁や契約で結ばれた人々のヨコのつながりとして一揆を捉えようとしている。

徳政令は一揆が独自の宣言？

　中学校歴史教科書の一揆のページには、奈良市柳生の地蔵菩薩の石仏の写真と、その脇に彫られた「正長元年より前は、神戸四カ郷に負い目あるべからず」という徳政碑文が史料として掲げられていることが多い。1428年（正長元）、近江や畿内の百姓らが幕府に徳政を要求する一揆を起したことを説明する教科書の本文と関連をはかって「正長の土一揆の成果を記した碑文」と紹介しているものもある。この表現自体は決して間違い

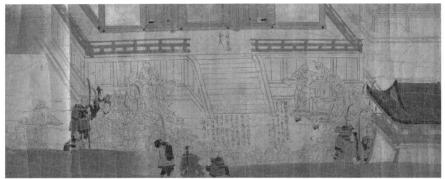

『天狗草紙絵巻』「三塔会合会議」（東京国立博物館所蔵）

ではないが、土一揆の成果として、幕府に徳政令を出させたことを記念して彫られたと受け取られると間違いになってしまう。

　この年、幕府は徳政令を出しておらず、徳政令を出したのは、この地域を含む大和国（奈良県）を支配していた興福寺だったのである。ただし、興福寺が出した徳政令の内容は、碑文に彫られたものと異なっていて、どうやら、一揆に参加した四つの村が独自に行った徳政の宣言だったらしい。そうした現在の理解を踏まえて、単に「借金帳消し宣言」「農民の徳政宣言」というタイトルで写真を載せる教科書も出てきている。

荘園の現地支配者「国人」、村落の支配者「地侍」

　一揆の例として、すべての中学校歴史教科書にとりあげられているのが、守護の軍勢を追い出して8年の自治を行った「山城国一揆」（京都府）である。自治を行った勢力を、史料では「国人」と「土民」と表現しており、教科書ではこれを「武士と農民」「武士や村人たち」に置き換えているものが多い。

　2001年度の教科書検定で、「地侍と農民」と書いた申請図書に対して、「山城国一揆の主導者は「国人」とよばれる層であり、これを地侍とするのは不正確である」という検定意見がついた。その後、発行者からこの検定意見を不服とする意見申し立てがあり、文部科学省は申し立てを承認して検定意見を取り消した。

荘園(しょうえん)の現地領主クラスの国人と、村落の支配者クラスの地侍を区別するのが現在では一般的ではあるが、農民闘争としての側面を強調する立場から「国人」を百姓と一体となって運動した中間層として捉えて、「地侍」と表記する著作が1970年代ごろまで多く見られ、史料上の「国人」を「地侍として土地を集積した者たち」と説明する概説書がなおも刊行されていることから、山城国一揆の主導者を「地侍」とすることを認めないのは時期尚早であると判断して、意見申し立てを承認したのである。そのため、現在でも、山城国一揆の主体を「地侍」と表記している中学校歴史教科書が存在している。

　行政処分である教科書検定は、執筆者や出版社に反論の機会を与えず、有無を言わさずに短期間で直させていると言われることがあるが、意見申し立ての制度（意見通知の翌日から20日以内）はあるし、意見通知から最終的な修正表提出までの時間は約70日設けられている。紙誌上の一方的な主張を鵜呑みにするのではなく、法令や制度など、社会の仕組みを踏まえた上で、書き手や発言者が置かれている立場も考慮して、その言説を客観的に位置づけることも、歴史学研究に必要な資料批判の態度であろう。

（高橋）

24 戦国時代①
戦国時代の始まりと終わり

　戦国時代は、いつからいつまでなのか。やさしいようで、難しい問いである。教科書の記述はバラエティに富んでいる。

　中学校歴史教科書の年表では、ほぼすべてが1467年（応仁元）から「戦国時代」の時代を示す帯状の表示を付している。ところが、本文を見ると、1467年の応仁の乱から戦乱が全国に広まって戦国時代になったと書かれていたり、応仁の乱を記述した後、戦国大名の登場を記して、大名たちが激しく争った約百年間を戦国時代と呼ぶとされていたりと、幾通りかの書きぶりが見られる。

始まりも終わりも多様な年号を記載

　高等学校の日本史教科書になると、応仁の乱（近年は「応仁・文明の乱」とするものが多い）から戦国時代が始まるとするオーソドックスな記述に加え、関東地方ではそれに先立つ1454年（享徳3）の享徳の乱（関東公方と関東管領の争い）から戦国時代に入ることが記されるようになってきた。「戦国の動乱」や「戦国大名」の語は使っても、時代名称としての「戦国時代」を本文でほとんど使っていない教科書もある。学界には、北条早雲が堀越公方を追放し、細川政元が将軍足利義材（義稙）を廃した1493年（明応

細川政元像（龍安寺所蔵）

戦国時代の始まりと終わりにかかわる事件	
1454年（享徳3）	享徳の乱
1467年（応仁元）	応仁の乱
1493年（明応2）	細川政元が将軍足利義材を廃する、北条早雲が堀越公方を追放
1567年（永禄10）	織田信長、岐阜入城
1568年（永禄11）	織田信長、入京
1573年（天正元）	足利義昭の追放（室町幕府の滅亡）
1576年（天正4）	織田信長、安土城築城
1587年（天正15）	豊臣秀吉、九州平定
1590年（天正18）	小田原北条氏滅亡、奥州仕置
1592～93年（文禄元～2）	文禄の役
1597～98年（慶長2～3）	慶長の役
1600年（慶長5）	関ヶ原の戦い

2）を戦国時代の始まりとする説もある。

　一方、戦国時代の終わりは、中学校歴史教科書の年表を見ても、1573年（天正元）の室町幕府の滅亡までとするもの2点、信長の時代までとするもの1点、1590年の豊臣秀吉の全国統一までが3点、さらには朝鮮出兵などを含む秀吉の時代までが1点と、多様である。秀吉の全国統一までとするものが多いのは、これによって戦乱の時代が終結すると説明するのがわかりやすいからだろう。

　高等学校日本史教科書の年表は、室町幕府の滅亡までを戦国時代としているものと、1568年（永禄11）の信長入京までを戦国時代としているものの二種類に大別できる。高等学校の教科書では、より大きな時代区分としての中世の終わりを戦国時代の終わりに重ね、いわゆる織豊政権を近世の始まりと見なして、室町幕府の滅亡やそれに先立つ信長の入京までを戦国時代としているのだろう。研究書・概説書のレベルでは、天下布武の印判の使用や楽座が行われることになる信長の岐阜入城（1567年）に中世と近世の区切りを置く説や、1576年の安土城築城を織田政権の成立と見なして、近世の始まりとする説もある。

　近年の関東地方・東北地方の自治体史では、1590年の小田原北条氏の

24 戦国時代の始まりと終わり　97

滅亡と秀吉による東北地方の領地確定（奥羽仕置）が中世終焉のスタンダードだが、九州地方では、秀吉の九州平定（1587年）を画期とすることが多いし、西日本では、関ケ原の戦いのあった1600年（慶長5）前後で中世と近世を分けるものもある。このように時代区分は、見方や立場によってさまざまであり、どれが正しいとも間違っているともいえないのである。

伊勢宗瑞像（早雲寺所蔵）

戦国大名の名前をどう表記するか

　教科書にも何人かの戦国大名が登場するが、なかには何度か改名している者もいる。木下藤吉郎から羽柴秀吉となり、豊臣の姓を賜った秀吉や、松平元信から元康、家康と改名し、その後、徳川を称するようになった徳川家康などがその代表だろう。教科書では、豊臣賜姓の話を書いても、それ以前を「羽柴」、以後は「豊臣」と使い分けていない。基本的には豊臣秀吉で統一した記述が行われている。長尾景虎を名乗っていた謙信は、関東管領・上杉家の家督を譲られて上杉政虎と改名し、将軍の一字を拝領して輝虎となった。その後、謙信を称する。長尾景虎の名を併記している教科書はあるが、政虎・輝虎の名を載せるものはない。

　この謙信や信玄という名は、法名である。したがって、それを苗字である上杉や武田とつなげて称することが、正しいかどうか疑問はあるが、古くから慣例的に用いられており、現在では「上杉謙信」「武田信玄」という呼び方に違和感を持つ人は少ないだろう。

「北条早雲」と「伊勢宗瑞」を併記

　「北条早雲」の名は、新井白石の『読史余論』でもすでに用いられているが、「早雲」は「早雲庵天岳宗瑞」と称した彼の庵号に由来する。かつ

ては伊勢長氏が本名であるといわれていたが、現在では伊勢盛時とする説が定着している。彼自身が北条を称したことはなく、子息の氏綱から北条を名乗るようになった。したがって、最近の辞典類では「伊勢」の苗字と法名の「宗瑞」を組み合わせた「伊勢宗瑞」で項目が立てられ、高等学校の日本史教科書でも「北条早雲」と「伊勢宗瑞」が併記されることが多くなった。

　歴史にはさまざまな見方と多様な表現方法がある。学説として認められる範囲内であれば許容されているから、いろいろな書きぶりの教科書が併存している。記述には正確性も求められるが、中学生・高校生が学習するということを考えると、厳密さとわかりやすさの天秤はなかなか釣り合わない。そのさじ加減が教科書の妙でもある。

（高橋）

コラム 日本史教科書と中世史料

　現在の高等学校の日本史Bの学習指導要領は、歴史的事象や事象間の因果関係等について、様々な資料に基づいて調べ、多面的・多角的に考察させて歴史的思考力を培うことを重視しており、教科書では、各章に特設ページを配して対応している。すべての叙述が資料に基づいていることを示すのが、歴史叙述の本来あるべき姿だが、教科書は学術論文のようにはいかない。教科書では、それぞれの時代の代表的な文献史料が囲みのかたちで「史料」として示されているに過ぎない。中世の範囲で見ると、もっとも多い教科書で17点、少ない教科書は7点の史料しか載せていない。およそ4ページに1点から7ページに1点の割合である。この点数は30年前の教科書と比べて大差はない。教科書全体のページ数は増加しているから、比率という点では、むしろ低下しているといえる。カラー化にともない絵画資料が増えているのとは対照的である。

　では、どんな史料が読者の皆さんの記憶に残っているだろうか。「御成敗式目」「永仁の徳政令」「紀伊国阿氐河荘のカタカナ言上状」「二条河原の落書」などが思い出されるのではないだろうか。いずれも有名な中世史料だが、実はこれらがすべての高等学校日本史教科書に「史料」として載っているわけではない。それぞれ載せていない教科書が1点ずつある。「惣掟」（あるいは「村掟」）は、すべての教科書が史料として取り上げているが、同じ『今堀日吉神社文書』でも載せている文書にばらつきがある。驚いたことに、新課程の8点の日本史B教科書すべてに載っている史料はひとつもないのである。

　逆に、1点の教科書にしか載っていない史料もある。たとえば、蓮如の「御文」、『樵談治要』の足軽記事、『太平記』の冒頭、建武の新政について記す『梅松論』、小学校教科書でおなじみの北条政子の言葉（『吾妻鏡』）などである。極めつけは、源頼朝などに盗賊や放火犯の取り締まりを命じる建久2年（1191）の後鳥羽天皇宣旨（『三代制符』所収）だろう。『日本史史料』（岩波書店）にも載っていない、マニアックな公家新制のひとつである。　　　　　　（高橋）

日光東照宮陽明門（栃木県）

近世

1573年（天正元）	室町幕府滅亡
1590年（天正18）	豊臣秀吉、全国統一
1592〜98年（文禄元〜慶長3）	文禄・慶長の役
1603年（慶長8）	江戸幕府成立
1615年（元和元）	武家諸法度の制定
1637年（寛永14）	島原の乱（天草・島原一揆）
1641年（寛永18）	オランダ商館が出島に移る
1685〜1709年（貞享2〜宝永6）	生類憐みの令
1688〜1704年	元禄時代
1709〜15年（宝永6〜正徳5）	正徳の政治
1716〜45年（享保元〜延享2）	享保の改革
1767〜86年（明和4〜天明6）	田沼時代
1787〜93年（天明7〜寛政5）	寛政の改革
1792年（寛政4）	ラクスマン、根室に来航
1825年（文政8）	異国船打払令
1839年（天保10）	蛮社の獄
1841〜43年（天保12〜14）	天保の改革
1853年（嘉永6）	ペリー来航

25 戦国時代② 信長の描かれ方が変わった

　織田信長は、小学校・中学校・高等学校の三度の歴史学習で取り上げられている人物である。かつては、信長・秀吉・家康の個性を象徴する「鳴かぬなら殺してしまえホトトギス」などの川柳が取り上げられることも多かったが、現在これを紹介している小学校の教科書は少ない。多くの子どもたちが知っているのは「織田がつき羽柴がこねし天下餅座りしままに食うは徳川」という狂歌の方なのである。

　今川義元を破った桶狭間の戦いから、明智光秀に攻められて敗死した本能寺の変まで、日本史教科書で取り上げられている信長の施策や事件は、30年前の教科書と比較しても、事項そのものに大差はない。しかし、その位置付けや評価は大きく違ってきている。

　たとえば、姉川の戦いで浅井・朝倉両氏を破った翌年に行われた比叡山延暦寺焼き討ちである。かつては両氏を支援して反抗した比叡山の武力を壊滅させたとのみ記述されていたが、現在の教科書では、比叡山を強大な宗教的権威として位置付け、それを屈服させたことが朝廷に大きな衝撃を与えたと書かれている。キリスト教の保護も、新しいものを取り入れた信長の革新性より、従来の宗教勢力と対抗するためと捉えられることが多くなった。

　武力によって、中世の伝統的な権威や秩序を克服していく姿が、現在の教科書における信長像の主流であるといえよう。

メジャーになりつつある「天下布武」の印判

　安土での宗論の裁定や誕生日の聖日化によって、宗教的権威を越える存在として、信長が自身を権威化していくことに注目している教科書もあ

織田信長像（長興寺所蔵）

「天下布武」印判（知恩院所蔵）

る。そうした動向の中、本文記述や写真図版に新たに取り上げられることが多くなったのが、岐阜入城後に使われ始める「天下布武」の印判で、武力による全国統一の意思を示したものと説明されている。最新の学説状況を反映して、「天下」は全国ではなく、畿内をさすと説明する教科書も登場した。ただし、現在、研究が進んでいる朝廷の保護者としての信長の側面や、支配に朝廷を利用した姿は、まだ教科書には反映されていない。

「武」一辺倒ではない、したたかな信長像

　信長の統一事業を支えた経済的な施策も重要視されている。かつては、肥沃な濃尾平野を根拠地としていたことや、征服地で指出検地を行って荘園領主の地盤を奪ったこと、楽市令によって安土城下の振興をはかった程度の記述であった。

　しかし、現在の教科書では、繁栄を誇っていた自治都市・堺を屈服させて直轄領とし、畿内の商工業を支配下においたこと、関所の撤廃や撰銭令の実施によって商取引を円滑にしたことなどが書き加えられている。

　最近の研究では、楽市令を出して城下に人を集める一方で、商業統制を

図っていたことが指摘されており、今後は、「武」一辺倒ではない、したたかな信長像が教科書でも描かれてくることだろう。

東アジアのなかの南蛮貿易

　パン、カルタ、ボタン、カステラに共通するのは何だろう。

　カタカナで書かれたこれらの言葉はポルトガル語から日本語になった外来語である。戦国時代の南蛮貿易で日本に入ってきた品々でもある。

　イスラム帝国によってアジアへの交通を遮断されたヨーロッパ諸国（スペイン・ポルトガル）は、新航路を開拓して海外へ進出した。その大航海時代の中で、ポルトガル人が種子島に鉄砲を伝え、ザビエルが鹿児島に来航してキリスト教を伝えた。南蛮貿易によってヨーロッパの文物がもたらされて、日本に大きな影響を与えることとなった。

　30年前の日本史教科書に描かれていた南蛮貿易のイメージは以上のようなものだろう。しかし、現在の教科書では、これに新しい視点が加わ

『南蛮屏風』（神戸市立博物館所蔵）

『倭寇図巻』（東京大学史料編纂所所蔵）

り、イメージも大きく異なっている。それは東アジアでの交易に関する動きである。

　当時の東アジアでは、明の海禁政策によって貿易が統制されており、そのなかで琉球、アンナン（安南、ベトナム）など環シナ海の人々が国の枠を超えた中継貿易を行っていた。また、その間隙を縫って中国人を多く含む後期倭寇が密貿易をしたことが、ヨーロッパのアジア進出の前提となっている。鉄砲を伝えたポルトガル人が乗っていた船も、中国人の倭寇船だった。

　中国のマカオやインドのゴアを根拠地に活動するポルトガルの商人などが、既存のアジアの中継貿易の枠組みに参入したのが、南蛮貿易の実像だった。

　したがって、九州のキリシタン大名領の貿易港にもたらされた主要な品は、中国産生糸などのアジアの物品であり、これと石見銀山で産出された銀などが交易された。その点では、ヨーロッパの文物は、南蛮貿易の「おまけ」にすぎなかった。南蛮貿易が盛んになったことで、明が統制する朝貢貿易は衰退し、中継貿易を担ってきた琉球の地位も次第に低下することになっていった。

（高橋）

26 戦国時代③
秀吉の出自、政治や出兵にも新視点

　農民の子か、武士の子か、豊臣秀吉の出自は謎に包まれている。かつての教科書には、一様に農民の子と書かれていたが、現在の小学校の教科書は、百姓・農民の出身とするもの2点、身分の低い武士の子とするもの2点に分かれている。これは、江戸時代に書かれた『太閤素生記』が実父「木下弥右衛門」を織田信秀（信長の父）の元鉄砲足軽で、負傷して百姓となった人物と記すことなどによる。

秀吉の父は架空の人物か？
　しかし、近年の研究は、信秀時代に鉄砲足軽が存在していたことや弥右衛門時代から「木下」を称していることに疑問をもち、この「弥右衛門」を架空の人物とみなす。さらに、遍歴する非農業民や差別されていた人々の集団の中に秀吉の出自を求める仮説も提起されている。
　なぜ秀吉の実父がわからないかというと、秀吉が本当の出自を隠し、関白になったころから皇胤説や日輪受胎説を流布させて、自身を神話化したために、出自を語る確実な史料が残らなかったからである。現在の中学校や高等学校の歴史教科書では、こうした動向も踏まえてか、単に身分の低い家の出身としているものや、出自に触れていない教科書も登場してきている。
　また、私たちがよく知っている「日吉丸」という幼名は、日輪（太陽）が母の懐中に入り、日吉山王権現の申し子として生まれたとする日輪受胎説の影響を受けて、後から付けられたものらしい。
　信長の草履を懐に入れて温めたエピソードも、18世紀末に成立した『絵本太閤記』に書かれた話で、史料に裏付けられたものではない。信長

のもとで頭角をあらわし、急速に出世したことは間違いないが、秀吉の前半生は謎だらけなのである。

刀狩、太閤検地、惣無事令

　刀狩と太閤検地は、だれもが一度は耳にしたことがある秀吉の政策だろう。一揆を防ぎ、耕作に専念させるために、農民から武器を取り上げ、全国で統一的な検地を行って、米の生産量（石高）と耕作人を登録した。これらによって、荘園制は消滅し、武士と農民の区別（兵農分離）がすすんだと説明されてきた。

　現在の教科書でも、これらの諸政策に関する大筋は変わりないが、新しい視点が持ちこまれたり、より正確な記述へと変わったりしている部分もある。

　1990年代に通説的な見解となり、教科書にも取り上げられるようになったのが、惣無事令（豊臣平和令、私戦禁止令）である。関白となって、天皇から全国統治を委ねられたと称する秀吉が、戦国大名に停戦を命じ、領国の確定を秀吉の裁定に任せることを命じたもので、九州平定や小田原攻めなども、惣無事違反を理由としたものだったと記述される

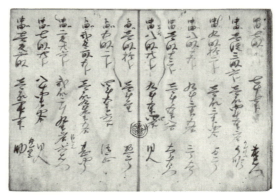
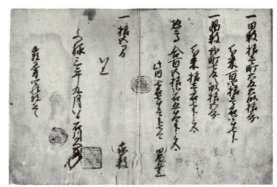

摂津国武庫郡門戸村検地帳（東京大学史料編纂所所蔵）

ようになった。その私戦停止の考え方のもとで、刀狩を村落間の武力による紛争解決を禁止したものと位置付けている教科書もある。

しかし、秀吉が全国を対象に出した惣無事令は存在せず、個々の停戦令を限定的に捉えるべきだとする批判がこの数年相次いでおり、今後、記述の見直しが行われる可能性もある。

兵農分離政策の一環として出された身分統制令は、武士が農民・町人になり、農民が商人になることを禁じたとされてきたが、その対象は武家奉公人と呼ばれた中間・小者などだったこと、朝鮮出兵時の時限的な性格の法令であったことなどが明らかにされ、最近の教科書記述も変わってきている。

秀吉の東アジア構想

秀吉の時代、千利休らが出て茶の湯を広め、華道なども発達した。また、現代の私たちが着物・和服と呼んでいる小袖の着流しが定着したのもこの時代だった。有田焼などの陶磁器が各地で作られるようになるが、これは諸大名が朝鮮から連れ帰った陶工たちによって始められたものである。

明の征服を企てた秀吉は、朝鮮に服属と明への先導を要求したが、拒否されたために、二度にわたって朝鮮出兵を行った。そこには、秀吉の征服欲にとどまらない、当時の東アジアの現実と、壮大な構想が背景にあっ

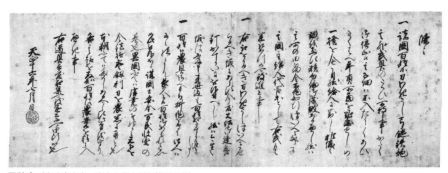

刀狩令（島津家文書、東京大学史料編纂所所蔵）

名護屋城跡並びに陣跡(佐賀県、名護屋城博物館提供)

た。
　16世紀末、中国を中心とした伝統的な東アジアの秩序が、明の衰退によって崩れつつあった。明に代わるアジアの盟主となることを目指して、秀吉はフィリピンや台湾に使節を送り、朝貢と服属を求めた。そして、天皇を北京(ペキン)に移し、日本の天皇には皇子を立て、大陸の関白・日本の関白、朝鮮に秀吉の養子などを置いて統治を任せるという構想をもつようになるのである。そのなかで朝鮮出兵は行われた。しかし、朝鮮の宗主国(そうしゅこく)である明との講和交渉も、担当者それぞれの思惑や偽使の派遣などによって複雑に推移し、結局は破綻してしまった。

(高橋)

27 江戸時代① 関ヶ原の戦いの「名分」

　1600年（慶長5）の関ヶ原の戦いは、頭に入りやすい年号ということもあって、多くの人が覚えている日本史上の出来事のひとつであり、しばしばテレビの歴史番組にも取り上げられている。「天下分け目」という枕詞の印象は強いし、東軍の徳川家康と西軍の石田三成というキャラクターもイメージしやすい。ちょっと歴史好きの人ならば、小早川秀秋の寝返りで勝敗が決したこととか、家康の子・秀忠が遅刻した話も知っているに違いない。この関ヶ原の戦いや江戸幕府の成立時期に関する教科書記述も、最近の高等学校の日本史教科書では、従来と少し印象が変わってきている。

西軍の盟主は毛利輝元

　今の多くの教科書は、家康と三成の2人の勢力争いという書き方をしていない。まずは豊臣秀吉がつくった五大老・五奉行が幼い秀頼を支えていく政治体制の話が書かれ、五大老筆頭として圧倒的な力を持つようになった家康が主導権を握ると、豊臣政権を維持し、存続させようとする五奉行の三成らとの対立が表面化したと説明されている。家康はすでに関東に移封されているが、江戸（東京都）を日常的な居所としていたわけではない。伏見城（京都府）で政務を執っていたことをはっきりと記している教科書もある。

　また、約250万石の大大名である家康と、20万石弱の大名にすぎない三成は、けっして同格ではない。関ヶ原の戦いも、やはり五大老の1人で約120万石の大大名だった毛利輝元を西軍の盟主として戦われたと、ほとんどの教科書に書かれている。

現在の多くの研究は、この関ケ原の戦いを豊臣政権内部の争い、少なくともそれを建前とした争いであったと見ている。秀吉の遺命に背いた家康を排除しようとした西軍の名分と、謀叛を起こした三成らを征伐しようとした東軍の名分の戦いである。家康はすでに世間からは天下人と見られてはいたが、この段階では、豊臣秀頼の存在を否定して、それに取って代わろうとしていたわけでも、独自の政権を作ろうとしたわけでもなかった。領地没収や論功行賞などの戦後処理は家康の手で行われたが、家

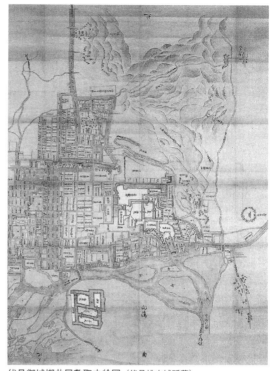

伏見御城欅井屋敷取之絵図（伏見桃山城所蔵）

康の名で領地安堵の朱印状が発給されることはなかった。

豊臣家の五大老から将軍へ

　ところが、家康は1603年に征夷大将軍に任じられると、秀頼に対する臣下の礼をとらなくなり、豊臣政権の五大老の地位から脱した。朝廷から征夷大将軍に任命されたことで、武士を指揮する伝統的な正統性と権威を獲得し、諸大名との主従関係の確認と全国の支配者であることを示すために、諸大名に江戸建設の普請を賦課し、各大名の領知高を把握できる国絵図と帳簿の作成・提出を命じたと書いている教科書もある。鎌倉幕府や室町幕府は、源頼朝・足利尊氏の征夷大将軍への就任と幕府の成立とが必ずしも一致しないが、江戸幕府の場合は、家康の将軍就任をもって幕府

の成立と見なした方がよさそうである。

家康は2年で将軍職を秀忠に譲り、駿府（静岡県）に居を移してからも、10年以上、大御所として実権を握り続けた。秀忠も幼い家光に将軍職を譲って、やはり大御所として10年近く君臨した。現在の多くの教科書は、これを将軍職が徳川氏の世襲であることを示すため、幕府権力の基礎を固めるためと位置づけている。晩年の家康は、大坂にいて独自の権威をもち、徳川氏と諸大名との主従関係確立の障害となっていた秀頼に、言いがかりをつけ、大坂の陣でこれを滅ぼした。

天皇・朝廷の研究の進展

30年前の詳しい日本史教科書を見ても、本文中に江戸時代の天皇は登場しない。秀吉が聚楽第に後陽成天皇を招いた話から幕末の孝明天皇まで飛んでいる。幕府が朝廷を統制する「禁中並公家諸法度」を制定したことは記述され、その注として、天皇の勅許を幕府が無効とした「紫衣事件」が起きたことが記されている程度であった。天皇や朝廷の主体的な動きとなると、後醍醐天皇の建武の新政から明治天皇の新政府までの間、約530年の動向が日本史教科書からすっぽり抜け落ちていた。これは、歴史教育のみならず、戦後の歴史学全体が、武家政権の成立と展開、民衆の成長という枠組みのみで、この時代を捉えていたからだろう。

『大坂夏の陣図屏風』（大阪城天守閣所蔵）

ところが、近年、室町時代や江戸時代の天皇・朝廷・朝幕関係の研究が著しく進展した。その影響もあって、同じ教科書の現在の版を見ると、かつての「朝廷・寺社の活躍する場はほとんどなかった」という一文は消え、後水尾天皇・明正天皇・後桜町天皇・光格天皇や東福門院（後水尾天皇に嫁いだ秀忠の娘）・閑院宮典仁親王が登場するとともに、朝幕関係に関する記述分量は３倍になっている。

　天皇や朝廷に関する記述が増えると復古的だと見られがちだが、そうした理由で記述されたのではない。たとえば、幕末維新期の政局になぜ天皇や公家が登場してくるのかを考えたら、その前提となる江戸時代の天皇や朝廷の潜在的な権威や、それをめぐる朝幕関係の記述が不可欠だとわかるだろう。

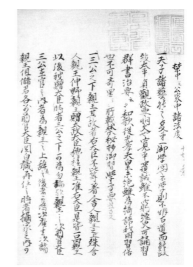

禁中並公家中諸法度（宮内庁書陵部所蔵）

（高橋）

28 江戸時代②
「鎖国」から「四つの口」へ

　新しい高等学校日本史Bの学習指導要領では、「歴史と資料」「歴史の解釈」「歴史の説明」「歴史の論述」という項目が特設された。歴史が資料に基づいて叙述されていること、複数の資料によって歴史の推移や因果関係を考察することが可能となること、資料から紡ぎ出された歴史事象には複数の解釈が成り立ちうることなどを学び、作業を通して技能を身につけ、それを活用して、それぞれが立てたテーマについて論述を行うという学習である。覚える日本史から、自分で考えて表現する日本史への脱皮をめざす試みである。

　このうち、複数の解釈が成り立つことを筋道をつけて説明できるようにする「歴史の説明」では、日本史Bの教科書8点のうち、半数の4点が江戸時代の外交を事例として取り上げている。ある資料から見れば、日本が国を鎖していたようにも見えるし、別の資料から見れば、四つの口を通して、外国の物や情報が入っていたとも見えることを生徒に説明させようとしているのである。

消えつつある「鎖国」

　その一方で、これまで使われてきた「鎖国」の語が、この学習指導要領から消えた。中学校の歴史教科書を含めて、江戸時代の日本は国を鎖していたと考えるよりも、幕府の統制下ではあるが、四つの口を通じて海外に開かれていたと叙述する教科書が多くなってきている。長崎口を通じてオランダ・中国と、対馬口を通じて朝鮮と、薩摩口を通じて琉球と、松前口を通じてアイヌとの交流があったことが、さまざまな事例を用いて紹介されている。しかも直接的な国交や通商関係を持った2国間の交流だけで

はなく、たとえば、琉球を通じて東南アジアや中国の物品がもたらされたことや、蝦夷地を通じて沿海州から中国・ロシアともつながっていたことが触れられている。

　それでも、従来の書きぶりから抜け出せない教科書は少なくなく、「鎖国」「鎖国政策」「鎖国の完成」などの語はまだ教科書に残っている。ただし、その場合でも、「鎖国」が19世紀にドイツ人医師ケンペルの著書が訳された時に初めて用いられた語であること、欧米船の接近などに

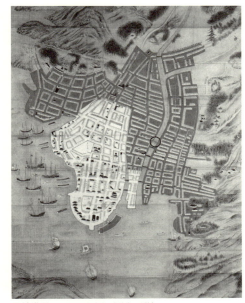

長崎港図（長崎歴史文化博物館所蔵）

よって危機意識が高まったときに「鎖国」が幕府の祖法であると主張することで外国との交渉を回避したことなど、「鎖国」意識が江戸時代後期以降に形成されたことがわかるようになっている。

　学界動向を見ると、鎖国が必ずしも日本独自の政策ではなく、中国の明・清や朝鮮の海禁政策と同様の動きで、自国を世界の中心に置き、周辺国を下位に位置づける独自の華夷秩序の形成とセットになっているという、東アジア的な視点で捉える説が浸透してきている。しかし、世界史教科書を含めて、まだこうした視点はほとんど反映されていない。

朝鮮通信使の絵は「唐人行列」？

　江戸時代における諸外国との交流の中で、どの教科書にも取り上げられているのが、朝鮮通信使である。江戸参府のルートを地図で示し、瀬戸内市（岡山県）の「唐子踊」など今に残る足跡を紹介している中学校歴史教科書もある。行列を描いた絵画が何種類か使われているが、肩に担がれ

た輿に乗った通信使一行が日本橋を行列する絵は、近年の研究によって、祭りの時にそれをまねた仮装行列であると見なされるようになった。輿に乗っているのが子どもであること、輿を担ぐ人たちの袖には異人を象徴するフリルがついていることなどがその根拠である。そこで、この絵を「唐人行列」として紹介する教科書も登場している。

「島原の乱」から「島原・天草一揆」へ

いわゆる「鎖国政策」に転換する大きなきっかけのひとつでもある島原の乱は、天草四郎を首領とするキリスト教徒勢力の鎮圧に苦労したことから、幕府がますますキリスト教を恐れ、ポルトガル船の来航を禁止するなど統制を強化したと説明されてきた。現在では、多くの教科書が「島原・天草一揆」の名称を用い、「島原の乱」は少数派になりつつある。島原（長崎県）・天草（熊本県）両地方の住人が参加していたこと、幕府に対する反乱というよりも、新しい領主の厳しい年貢取り立てとキリシタン弾圧

祭礼の仮装行列（「浮絵朝鮮人」東京国立博物館所蔵）

原城跡全景（長崎県、南島原市教育委員会提供）

に対抗する前領主（キリシタン大名）の旧家臣、百姓らの一揆と捉えた方がいいことが、主な理由である。鎮圧にオランダ船が参加して砲撃を加えていたことや、原城（長崎県）の発掘成果を紹介する教科書もある。

　オランダや中国との長崎貿易で輸入されたのは、主に中国産の品々だった。徳川吉宗の時代に漢訳洋書の輸入を緩和したことは知られているが、幕府がオランダ語の書籍輸入を一度も禁じていないことは意外と知られていない。日本は知識を受容する一方ではなかった。鎌倉幕府の歴史書『吾妻鏡』などは中国に伝えられ、日本研究の書『吾妻鏡補』が作られているし、すでに中国では失われてしまった漢籍が日本からもたらされ、清の知識人を驚かせたこともあった。

（高橋）

29 江戸時代③
江戸の都市生活
―リサイクルから吉原まで―

　実は歴史教科書にも流行り廃りがある。研究の進展によって記述内容が変わったというよりも、世の中の流れや話題性で題材が変わったと思われる部分が見受けられる。それは、本文記述よりもコラムや特設ページ、掲載写真やそのキャプションに多い。たとえば、文化財について記しているページに、新しく登録されたばかりの世界遺産が取り上げられたり、大河ドラマの登場人物やゆかりの地がコラムになったり、アイドルやスポーツ選手の写真が現代の出来事として掲載されたりしている。ごく最近では、災害史に関するコラムが目立つようになった。

リサイクルやファストフードなど身近な暮らしを紹介

　エコが尊ばれる昨今、小中学校の歴史教科書のコラムに取り上げられるようになったのが、「江戸のリサイクル」である。着物が何度も仕立て直

灰の回収業者、鋳掛屋（『守貞漫稿』国立国会図書館所蔵）

日本橋（『江戸図屏風』国立歴史民俗博物館所蔵）

され、布製品や布きれとして使われたあと、最後の灰まで利用されたことを説明する教科書や、不要品を回収して再利用につなげる「灰買い」「紙屑買い」、壊れたものを修理する「下駄の歯入れ屋」「鋳掛屋」などの職業が多かったことを紹介する教科書、ゴミや排泄物が肥料として使われ、都市と農村の間を循環していることを示す図を載せる教科書などがある。糞尿の処理を行い、上水道も整備されていた江戸を、町に溢れるゴミや糞尿による汚染に悩まされていた同時代のロンドンやパリと対照的に取り上げているものも少なくない。

人気のビジュアル資料は『江戸図屏風』や『熈代勝覧』

　生徒たちに関心をもたせる工夫として、人々のくらしに注目している教科書もある。そこで取り上げられることが多いのが、江戸のファストフードで、そば・すし・天ぷらなどが屋台で売られていたことを絵画資料も使

いながら紹介している。一方、今の子どもたちにはもはや理解不能となった「長屋暮らし」は、博物館の長屋内部の復元展示の写真のみならず、図解でも説明されている。

　また、教科書の大型化、ビジュアル化の流れの中で、江戸を描いた絵画資料は、格好の教材になっている。天守のある江戸城、その周囲の大名屋敷、日本橋の賑わい、郊外の寺社を描き、様々な年中行事や朝鮮通信使までもが書き込まれている『江戸図屏風』（国立歴史民俗博物館蔵）を折り込みページに載せる教科書、日本橋を描いた『熈代勝覧』（ベルリン国立アジア美術館蔵）を見開きページで示して様々な職業を読み取らせる教科書などは、見ていても楽しい。

　教科書も「デジタル教科書」導入の方向へと向かっている。とりあえずは紙媒体の教科書を電子データ化したものが使われる予定であるが、こうした絵画資料を教室で、あるいは生徒ひとりひとりが自由に拡大・縮小して見ることができれば、教育の質が変わることだろう。ただし、そんな時間的余裕はないという現場の声が聞こえてきそうである。

「吉原」「遊女」も高校教科書に登場

　江戸には「悪所」と呼ばれる場所が存在していたが、そのうちのひとつ、芝居小屋はほとんどの教科書で取り上げられている。歌舞伎の上演の様子とそれを見物する人々を描いた浮世絵が定番の図版として、町人文化のページに掲げられているし、小学校の教科書の中には、江戸中村座前の賑わいを想像図として載せているものもある。しかし、もうひとつの「悪所」である吉原を大きく取り上げる教科書はこれまでなかった。ところが、ついに2012年度検定を経た高等学校の日本史教科書に登場した。この教科書は、各時代に「女性の社会史」と銘打ったコラムを設け、古代は「古代の女帝」、中世は「『戦う』女性たち」、近世は「江戸時代の遊女」、近代は「異国に眠る女性たち―からゆきさん」というテーマで、やや特別な条件下に置かれた女性を取り上げている。

　「江戸時代の遊女」のコラムの内容は、まず、投げ込み寺「浄閑寺」にある遊女の供養塔と「生まれては苦界　死しては浄閑寺」の川柳の紹介

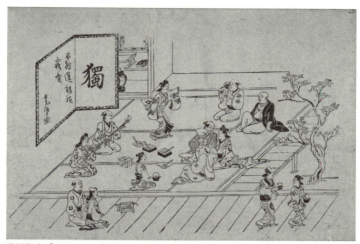

菱川師宣「よしはらの躰」（東京国立博物館所蔵）

から始まり、18世紀半ばから大正時代に至る浄閑寺の過去帳には遊女2万人が記され、死亡年齢の平均が21歳であったことが述べられる。そして、江戸の町に幕府が許可した遊郭（ゆうかく）がつくられ、日本橋から浅草（あさくさ）に移転したこと、吉原以外の遊女は私娼（ししょう）として取り締まりの対象であったこと、遊女には階級があったこと、さらに全国各地に公許の遊郭・未公認の遊郭がつくられ、宿場にも娼婦がいたこと、華やかな世界の中で一歩も外に出ることを許されず短い生涯を閉じた遊女が数多くいたことなどが記されている。

　教科書にこんなことが載っているのかと驚く方もいるだろう。しかし、高等学校段階の日本史教科書にこうした内容を記すことは、学習指導要領や検定基準に照らしても不適切とまでは言えないし、歌舞伎や落語などの古典芸能を理解するうえでも、江戸時代の華やかで悲しい実像という点でも、教科書に載っている意義はあるだろう。

（高橋）

30 江戸時代④
綱吉は悪役か、名君か

　「元禄小袖」「元禄花見踊」「元禄繚乱」など、「元禄」という冠がつくと、言葉に華やかさが増す。享楽的とも、退廃的とも違う、キリッとした華やかさがそこにある。そんな元禄時代の主役のひとりが将軍・徳川綱吉である。しかし、人気の程は芳しくない。綱吉の時代を取り上げた歴史小説や時代劇は多いが、彼自身は主役にはならないし、出てきても影の薄い脇役か、敵役であって、しかも、多くは偏狭的性格、母・桂昌院に頭が上がらないマザコン、側用人・柳沢吉保の言いなりになっている無能な将軍として描かれている。

桂昌院像（善峯寺所蔵）

生類憐みの令の評価も両論

　中学校歴史教科書も、そんなイメージで記しているものがある。もっとも多くの生徒が使っている教科書は、この時代の政治に関する独自の項目はなく、「元禄文化」の中で、5代将軍・綱吉が儒学を奨励したことを記し、側注で寺院建設などの多額の出費で幕府財政を悪くしたことや、それを補うために質の悪い貨幣を大量に発行したことに触れ、「一口エピソード」として生類憐みの令を紹介するのみである。別の教科書は、財政

生類憐みの令（明治大学博物館所蔵）

難の原因を大火事や富士山の噴火による出費の増加や鉱山の金銀産出量の減少に求めているものの、人々の生活を圧迫した面が強調されている。財政難の原因を商品経済の発達と消費の拡大に対して年貢収入に頼っていた幕府や藩が対応できなかったことに求める教科書は、綱吉がそれを乗り切るために、政治の引き締めをはかり、貨幣量を増やす施策を行った積極性を評価しつつも、結果としては人々を苦しめることになってしまったという書きぶりになっている。

　一方、綱吉の文治政治を高く評価する教科書もある。「徳川の平和」が実現され、武力に代わって学問を政治の中心に置く方向性を打ち出したのが綱吉で、忠孝や礼儀を説く儒学を振興し、寺社の修復・造営に力を入れ、学問や文化を重んじたと位置づけている。綱吉自ら儒学の講義を行ったことに触れている教科書もあるし、高等学校の日本史教科書の中には、大嘗会・賀茂葵祭の再興や禁裏御料（天皇領）の加増、歴代天皇陵の修復などを行い、朝廷との協調関係を築いたことを評価するものもある。

　綱吉の施策の中で、もっとも評判が悪かった生類憐みの令についても、現在では異なった評価が見られる。極端な動物愛護政策で、厳しい処罰を行い、野犬の保護に莫大な費用をかけて人々を苦しめたと書く教科書があ

る一方で、それを踏まえつつも、生命や自然を尊重する道徳の定着をもたらした意義があったとしたり、動物や捨て子、行き倒れ人を保護する命令と捉え、江戸市中の秩序を乱す「かぶき者」に対する処罰とあわせて、秩序ある安全な社会の実現を目指したと評価する教科書もある。高等学校の日本史教科書の中には、殺生禁断の流れの中で、農村における鉄砲の所持・使用に規制を加えたことに触れているものや、服喪や忌引きに関する服忌令（ぶっきれい）を出して、死や血を忌み嫌う風潮をつくりだし、殺伐とした戦国時代以来の社会的価値観を否定したと述べているものもある。

「忠臣蔵」の常識は過去のもの

綱吉時代に起きた大事件といえば、誰もが「忠臣蔵（ちゅうしんぐら）」を思い浮かべる時代は過去のものになりつつある。歌舞伎・講談・浪曲、時代劇が庶民の歴史的教養の基礎をなしていた時代はもはや終わった。漫画やゲームに取り上げられない限り、子どもたちは関心を示さない。誰もが知っていたはずの「忠臣蔵」やその題材となった歴史的事件としての「赤穂事件（あこう）」も例外ではない。この事件を取り上げる中学校歴史教科書は３点、シェアでいえば全体の６パーセントに満たない。高校の日本史教科書でも、３点が事件の概要と浪士の処罰をめぐる議論を中心に囲みで取り上げるほかは、注記の形で言及しているだけのものが圧倒的に多い。

「武士道」の実態は？

このうち、２点の中学校歴史教科書と１点の高等学校日本史教科書は、赤穂事件を「武士道」と結びつけたコラムを載せている。かつての教科書に書かれていた「武士道」は、新渡戸稲造（にとべいなぞう）の『武士道』や山本常朝（やまもとつねとも）の『葉隠（はがくれ）』の影響を受けたものだった。しかし、近年、両書の再検討や、山鹿素行（やまがそこう）の「士道」についての思想史的研究、江戸時代の武士の意識に関する実態的な研究が進んだことで、これまでイメージされてきたような、主君に対する命がけの忠義や厳しい道徳規範としての「武士道」を、江戸時代の実態と見なすことができなくなった。

そのため、最近の教科書検定でも、「武士道」に関する記述に検定意見

忠臣蔵の浮世絵（早稲田大学演劇博物館所蔵）

がつくことが多い。たとえば、2012年度の高等学校日本史教科書の検定では「武士道とよばれるきびしい道徳を守る必要があった」という申請図書の記述に「江戸時代の武士と『武士道』との関係について、誤解するおそれのある表現である」という検定意見がつき、「名誉を重んじる倫理意識をもつようになった（武士道ともよばれる）」に修正されている。

（高橋）

31 江戸時代⑤
江戸の三大改革の記述が減った

　私たちが中学生のころの江戸時代の学習といえば、「三大改革」が最大のヤマだった。定期試験はもちろん、高校入試などでも、徳川吉宗の享保の改革、松平定信の寛政の改革、水野忠邦の天保の改革における諸政策を比較する表を使った設問が定番だったように記憶している。しかし、最近の教科書を見ていると、江戸時代史における三大改革の比重が少し軽くなったと感じずにはいられない。

　外交・文化・都市や暮らしに関するページが鮮やかな絵画資料や写真で彩られている中で、主役の肖像画と年貢収納高のグラフなどが掲載されているだけの政治改革のページは、地味な印象が否めない。それだけでなく、内容的にもやや薄くなったように思われる理由の一端は、教科書作成の基準となる中学校の学習指導要領の変化にもあった。

詳細な記述が求められた1970年代の教科書

　1972年（昭和47）施行の学習指導要領では、三大改革それぞれが学習すべき項目として明記されていた。「享保の改革」は「経済上の変化に伴い、幕府の財政や武士の生活が苦しくなっていったことに気づかせるとともに、幕藩体制を安定させるために享保の改革が行なわれたことを理解させる」、「農村の動揺と寛政の改革」は「商品経済の発達に伴う社会の変化や、あいつぐ天災・飢饉などによって農村が動揺したことを考えさせるとともに、それに対応した寛政の改革のありさまを理解させる」、「天保の改革と諸藩の改革」は「財政の窮乏、百姓一揆の頻発など内外の困難な状況の中で、天保の改革が行なわれたことを理解させるとともに、そのころから農村の工業の発達がみられ、諸藩の中には財政の改革に成功したとこ

鎮火安心図巻（国立国会図書館所蔵）

ろもあって、そこに新しい動きがみられたことに着目させる」と、理解の方向性さえも定められていた。

記述が精選された江戸中期・後期

その後、二度の改定を経て、学習内容の厳選（いわゆる「ゆとり学習」）が強く打ち出された2002年施行の学習指導要領では、細かな事件や歴史的事象の名は示されず、江戸時代中後期に該当する部分は、「社会の変動や欧米諸国の接近に対応し

松平定信像（南湖神社所蔵）

た幕府の政治改革と政治の行き詰まりを理解させるとともに、新しい学問・思想の動きについて気付かせる」と書かれるのみで、しかも、「幕府の政治改革と政治の行き詰まり」については、「代表的な事例を通して指導するようにすること」という「内容の取扱い」によって、細かなことは教える必要がないと認識されてしまった。

現行の学習指導要領も、書きぶりの違いはあるものの、学習内容として

31 江戸の三大改革の記述が減った　127

はほぼこれを踏襲している。また、「内容の取扱い」で「幕府の政治改革」については、「百姓一揆などに結び付く農村の変化や商業の発達などへの対応という観点から、代表的な事例を取り上げるようにすること」と、事例選択の観点が加わってはいるが、精選の方向は変わっていない。

近年の学習指導要領は、細かな事項を覚える学習ではなく、流れや時代の特徴を大きく捉える学習を重視している。この学習指導要領が教科書に反映されたことで、三大改革という個別の事項そのものが、やや希薄に感じられるようになったのである。

発行者や執筆者によって教科書も千差万別

学習指導要領と教科書検定によって、教科書はがんじがらめに縛られている、というような言説が世の中に流布していた時期があった。しかし、本書の他の項目をお読みいただいた読者には、教科書ごとに違うといってもいいほど、様々な学説にもとづく多様な記述が見られることを知っていただけたと思う。「教科書」としての最低限の品質を保障するために、検定基準に基づいて行われている教科書検定（検定基準は学習指導要領に沿っていることを求めている）、とりわけ現在の歴史分野の検定では、学界における学説状況を逸脱していたり、著しくバランスを失している書きぶりでない限り、許容されていると言っていい。

また、学習の最低基準と位置づけられている現行の学習指導要領（中学校社会科歴史的分野）の江戸時代学習の内容は「江戸幕府の成立と大名統制、鎖国政策、身分制度の確立及び農村の様子、鎖国下の対外関係などを通して、江戸幕府の政治の特色を考えさせ、幕府と藩による支配が確立したことを理解させる」「産業や交通の発達、教育の普及と文化の広がりなどを通して、町人文化が都市を中心に形成されたことや、各地方の生活文化が生まれたことを理解させる」「社会の変動や欧米諸国の接近、幕府の政治改革、新しい学問・思想の動きなどを通して、幕府の政治が次第に行き詰まりをみせたことを理解させる」と規定されているだけである。これに教科書の数十ページが配当されているわけであるから、実際の構成や内容、書きぶりは、発行者や執筆者にほぼ委ねられているといえよう。ただ

ラクスマンのエカテリーナ号（根室市歴史と自然の資料館所蔵）

し、これら江戸時代を学ぶ上での最低限ともいえる内容さえ書かれていなかったり、不十分であれば検定意見が付されることになる。教科書の良し悪しは、発行者や執筆者の技量に負う部分がますます大きくなっているのではなかろうか。

（高橋）

32 江戸時代⑥ 変わる田沼政治のイメージ

　歴史的な評価は、時代状況や立場によって変わるのが常である。田沼意次の評価はその代表的なものだろう。明治時代以来、国定教科書を通じて定着していた賄賂にまみれた悪徳政治家という田沼のイメージは、現在の教科書では、もはや払拭されている。

　中学校の歴史教科書を例にとると、すべての教科書が、彼が意図したのは幕府財政の立て直しであり、年貢収入には限界があると考えて、商人の力と商品流通が生み出す利益に着目し、積極的な経済活動を促したという趣旨の記述になっている。その施策が、特権の付与と引き換えに商人から税を取るための株仲間の奨励であり、商人の資本を活用した鉱山開発や新田開発、長崎貿易を活発にするための、銅の専売や海産物輸出の奨励、蝦夷地の開発であった。経済活動が活発になったことで、学問や芸術の発展をもたらしたと評価している教科書もある。

田沼退陣の理由

　ほとんどの教科書で、改革の内容や特色を他の政治改革と比較する問いかけがなされているが、いくつかの教科書は、彼が低い身分の武士から将軍の信任を得て出世したとの説明を本文中や写真キャプションに入れておくことで、優秀な生徒なら、それが既成概念にとらわれなかった理由の一つであると思いつくような工夫をしている。

　もちろん田沼政治の負の部分に触れていないわけではない。地位や利権を求める賄賂が横行したことはどの教科書にも記されている。しかし、それは田沼自身に対する批判ではない。田沼失脚の理由については、天明の飢饉や浅間山の噴火が起こったことで、農村では百姓一揆が起こり、米

価の値上がりから都市でも打ちこわしが続いて、社会不安が広がり、そのために田沼は老中を辞めざるを得なかったと書いている教科書が多い。

新しい高等学校日本史Bの学習指導要領で新設された「歴史の説明」に、この田沼政治を取り上げ、当時の幕臣や知識人すら田沼に対して様々

田沼意次像（勝林寺所蔵）

な見方をしていたこと、幕末に田沼を再評価していた人物がいたこと、さらに近代における評価までを紹介し、歴史的事象に複数の解釈があることを生徒に考えさせている教科書もある。

時代に逆行した定信

一方、「白河の清きに魚の住みかねて　もとの濁りの田沼恋しき」の狂歌で、田沼と比較される松平定信については、民を大事にして、飢饉対策を行った点は評価されるものの、祖父徳川吉宗を理想として、農業を国の基本と考え、極端な緊縮政策をとったり、学問や出版物に制限を加えて取り締まりを厳しくした点など、時代に逆行した改革であったことを批判的に記す教科書が多い。しかし、藩主としては名君であったとの評価は教科書にも記されているし、これまで教科書に取り上げられたことはないものの、彼の学者・文化人としての業績、幕府の修史事業に果たした役割は大きい。いずれ研究の進展や社会の機運によって、定信に対する再評価がなされれば、教科書記述も変わってくることだろう。

琉球史と北方史の成果

江戸時代史で、近年著しく進展しているのは、琉球史や北方史の分野

である。史料に基づく事実関係の掘り起こしや多角的な視点によって、これまでのような幕府や薩摩藩・松前藩が琉球やアイヌを一方的に支配し、収奪しているという見方や位置づけが大きく変わってきている。その研究成果がまだ十分に教科書に反映されているとはいえないが、琉球史に関しては、薩摩の商人を介した琉球の積極的な商業活動に関する記述や、かつては服属儀礼と見られていた謝恩使の江戸参府を重要な外交儀礼として再評価するなど、この数年で徐々に改善されてきている。

それに対して、北方史の研究成果は教科書に反映され始めているとはいえない状況にある。この分野に関心をもつ教科書執筆者が少ないからか、旧態依然とした申請図書の記述に検定意見が付されることも少なくない。

日高アイヌオムシャ之図（函館市中央図書館所蔵）

琉球中山王両使者登城行列（国立公文書館所蔵）

たとえば、17世紀後半に起きたシャクシャインの蜂起である。これまで「シャクシャインの反乱」と表記する教科書が多かったが、これ以前にシャクシャインらのアイヌは松前藩の支配下に入っておらず、鎮圧後に松前藩の支配下に入っていくのであるから、シャクシャインの蜂起を「反乱」と位置づけることは、生徒が誤解するおそれがあるとの趣旨の意見が付された。
　事件の背景には松前藩との交易における交換比率の悪化や暴力を伴う強制もあったが、直接的な契機は、アイヌ有力者の漁猟場をめぐる争いから起きた殺人事件をシャクシャインが松前藩による毒殺と喧伝し、広範囲のアイヌが蜂起したことにあった。こうした細かいことまで教科書に記述することはできないが、単なる支配・被支配という単線的な理解ではない北方史の記述がそろそろ登場してもよいのではなかろうか。

（髙橋）

33 江戸時代⑦ 「士農工商」で語れない身分制度

　「士農工商」の身分制度は、「鎖国」と並んで、江戸時代を説明するときに、よく使われる言葉である。支配者である武士が一番偉く、次が年貢を負担している農民で、不浄な銭を扱う商人は一番下に置かれたという、もっともらしい話を聞いたことがあるかもしれない。しかし、現在の教科書を見ると、「常識」であるかのようにすり込まれてきた知識が、もはや過去のものであることがわかる。

百姓は農民ではない

　まず、小学校の教科書も中学校の教科書も「士農工商」を学習する用語として載せていない。2点の中学校歴史教科書がコラムで、かつては士農工商の身分があったといわれていたことを紹介しているのみである。現在の教科書は、江戸時代の身分を「士農工商」の四つではなく、武士と百姓・町人の二つに大きく分けて説明している。被支配者である百姓と町人の違いは住む場所によるもので、村に住んでいれば百姓、城下町などの都市に住んでいれば町人とされたと書かれている。したがって、百姓＝農民ではない。

　百姓の大部分は農民だが、農業に限らず、漁業・林業などさまざまな産業に従事した人が村にはいたことがわかるようになっており、以前のように百姓を農民に置き換えている教科書はほとんどない。また、幕府が都合よく支配するために固定的な「士農工商」の身分をつくったと記す教科書もない。高校の教科書には、江戸時代の身分制度が「士農工商」と呼ばれることもあるが、「士農工商」の区別は実態ではなく、儒学者が中国の古典をもとにつけた序列であると記しているものもある。

『考農夜話』（東京大学史料編纂所所蔵）

身分は変動するのか

　小学校から高等学校までのどの教科書にも、百姓・町人とは別に、えた・ひにんなどの差別された人々がいたことが書かれているが、ここで注目したいのは、かつてのように幕府がこれらの身分をつくりだし「士農工商」の下に置いたというような書きぶりになっていない点である。百姓・町人からも差別されたとは書かれていても、その関係を身分序列の上下とは捉えられていない。さらに、「士農工商」の枠では収まりきれない職能の人たち、たとえば修験者・陰陽師などの宗教者、役者・能楽師などの芸能者の存在について言及する教科書が登場し始めている。近年の研究が「身分的周縁」として注目している存在である。

　古い江戸時代観を否定しようとするあまり、

陰陽師（『職人尽歌合』国立国会図書館所蔵）

身分制度の緩やかさを強調しようとする傾向をもつ教科書もある。身分が厳格ではなかった例として出されるのは、御家人株(ごけにん)の購入や養子関係を介して武士身分を獲得する者がいたり、武士の次男・三男で農家や商家の跡を継いだ者がいたりした話である。ただし、これらの多くは江戸時代後半の事例であり、全体の中では特例に属するものであるから、これをもって江戸時代の身分全体が流動的だったと断定してしまうのには問題がある。やはり、武士と百姓・町人との身分的な壁は大きく、それぞれの身分の中にも厳然とした家格(かかく)による序列があったと見たほうがいいだろう。その接点の部分で、移動が可能な裏技もあったというのが妥当なところではなかろうか。

消えつつある「慶安の御触書」

昔の小学校の教科書には、徳川家康(とくがわいえやす)が言ったとも本多正信(ほんだまさのぶ)が言ったともされる「百姓は生かさぬように殺さぬように」という言葉が、幕府の農民支配を象徴するものとして掲げられていた。しかし、現在の教科書にこれを載せているものはない。

また、幕府が農民のくらしについて規制したと言われてきた、いわゆる「慶安の御触書(けいあんのおふれがき)」も姿を消しつつある。研究の進展によって、発令年と発令主体に疑問が持たれるようになったことを受けて、ある中学校歴史教科書は「慶安の御触書」と題しながらも、「幕府が1649年(慶安2)に出したと伝えられる触書です」と、発令の年と主体が伝承であるとわかる説明を加え、別の教科書は、後に地方で「慶安御触書」の名で出版されたことを踏まえて、「1830年に岩村藩(いわむら)(岐阜県)で示されたもの」と説明している。この2点以外の中学校歴史教科書は、「御触書」の存在にまったく言及していない。衣食の種類を制限した1643年(寛永(かんえい)20)の法令を掲載しているものもあるが、その場合には、これが大飢饉(だいききん)に際して出された時限的な法令であることが注記されている。

教科書では、身分制度に続けて、主従関係や、家族における男女の位置関係に記しているものが多い。そこでは、「三従の教え(さんじゅう)」や『女大学(おんなだいがく)』に象徴されるような儒教的な女性観と実態との違いに言及しているものも少

なくない。かつて、夫に一方的な離婚権があったことを示すと見なされていた「三行半(みくだりはん)」も、妻からの離婚要求という実態もあったことや、妻の自由な再婚を保証する意味があったことなど、近年の研究成果を踏まえた記述になってきている。

(高橋)

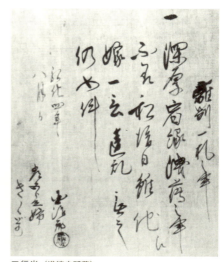

三行半（満徳寺所蔵）

34 江戸時代⑧
大御所時代、化政文化の評価も一変

　歴代徳川将軍のうち、2015年使用の中学校歴史教科書7点すべての本文に登場するのは、初代家康・3代家光・5代綱吉・8代吉宗・15代慶喜の5人である。幕府をつくった家康、幕府政治の基礎を整えた家光、生類憐みの令の綱吉、享保の改革の吉宗、大政奉還の慶喜のように、人名と事績が結びついて読者の記憶にもとどまっていることだろう。しかし、それ以外の将軍となると、ほとんどは「徳川氏の系図」の中にしか名が見えない。全国の中学生の半数以上が使っている教科書の本文には5人以外登場しないし、それに次ぐ採択率をもつ2点の教科書を見ても、家康が将軍職を譲ったということで秀忠の名が、幕末の公武合体策の中で家茂の名が、それぞれ1点ずつの教科書に見えるだけである。

11代家斉の評価

　そうした中で、他の2点の教科書が11代家斉について記している。1点は本文で、もう1点は側注でだが、老中・松平定信が退いた後、将軍・家斉が実権を持ち、将軍職を譲ってからも大御所として君臨していたこと、その時期には人々が豊かさや贅沢な気分を感じ、それが華やかな町人文化につながっていくことが記されている。こうした家斉とその時代に対する肯定的な評価が登場するのは、比較的新しい。これらの教科書の元版が初めて検定申請されたのは2000年のことである。

　かつて、家斉の時代に対する評価は散々だった。たとえば、30年前の高等学校日本史教科書には、「その放漫な政治は、享楽的・営利的な風潮を強めた。（中略）関東の農村では治安がみだれ、政治は腐敗し、社会には退廃した空気がみなぎった」と書かれていた。この厳しい評価を載せて

いた教科書の現在の版は、約50年にわたる家斉の治世を文化年間（1804〜18年）までと、文政年間（1818〜30年）以降とに分け、前半は寛政の改革の質実倹約が受け継がれていたとし、後半は物価の上昇を招き、将軍や大奥の生活が華美になったと述べつつも、幕府財政はうるおい、商人の経済活動も活発になって、庶民文化の花が開くことにもなったと評価している。あわせて、地方の荒廃や治安の乱れも記しているから、功罪相半ばというところだろう。

　このように、現在の詳しい高等学校日本史Bの教科書では、家斉の時代を前半と後半に分け、それぞれの評価を載せているものが多い。それらの教科書は、倹約を重んじていた文化年間までを一様に高く評価しているが、文政期以降の評価は教科書によってかなり異なっており、「寵臣に政治をまかせ、奢侈にふけるようになったため、幕府の支出は増大した」「その治政は社会不安の増大と外国勢力の接近をよそに、しだいに享楽的で放漫になっていった」と否定的に記述する教科書もある。さすがに、マイナスの面を書かずに、大御所時代を賛美するだけの高等学校日本史教科書はない。

34　大御所時代、化政文化の評価も一変　　139

連動する化政文化の評価

　こうした大御所時代の評価は、その時代の化政文化(かせい)の評価とも連動している。30年前の教科書の「あいつぐ改革のきびしい統制のなかで退廃と無気力の風がみち、人々は抑圧された本能をかすかな風刺や皮肉の文芸に発散させ、愛欲と笑いを求める傾向が強かった」という文章などは、今読み直すと、おかしみさえ感じてしまう。滝沢(曲亭)馬琴(たきざわ きょくてい ばきん)の『南総里見八犬伝(なんそうさとみはっけんでん)』でさえ、「空想的で現実性にとぼしかったり、芸術性に欠けるところがあった」と、低評価であった。現在の版では「雄大な構想をもち、その底流には勧善懲悪(かんぜんちょうあく)・因果応報(いんがおうほう)の思想が流れている」となり、文化全体も、下層の民衆をも基盤とした点、地域的な拡がり、多様性などが高く評価されている。ただし、現在の教科書でも、大御所時代に批判的な教科書

フィンセント・ファン・ゴッホ「タンギーじいさん」

渓斎英泉「雲龍打掛の花魁」
(千葉市美術館所蔵)

には、化政文化を「爛熟」(極限に達した状態だが、熟れすぎた状態、まもなく衰退に向かうというマイナス面も含意する)として捉え、抑圧された庶民の憂さ晴らしと記しているものがある。一方で、家斉の評価を載せる2点の中学校歴史教科書は、他の教科書に比べて、化政文化の扱いが大きく、ヨーロッパの画家ゴッホやモネに浮世絵が大きな影響を与えたことをコラムで紹介している。

歴史からみた政治の功罪

　大御所時代や化政文化をめぐる議論、評価の違いは、「バブル経済」時代の社会・文化に対する評価を思い起こさせる。家斉に対する批判は、「バブル」に導き、自身は利益を享受するだけだった政財界トップへの不満に、大御所時代の高評価は、「バブル」はその後の不況に比べれば、みな時代を謳歌し、日本は元気だったじゃないかと再評価し、「ミニバブル」の再来に期待する現在の一部の風潮に似ていなくもない。政治には常に功罪があり、一面的な賛美も、一方的な断罪も、危険をはらんでいることは、歴史が教えてくれているはずなのだが。

（高橋）

35 江戸時代⑨
幕藩体制下の大名・藩は「三十年一日」

　この数十年、教科書が大きく書き換えられてきた一方で、記述が薄く、「三十年一日」のごとく変わり映えがしない部分も少なくない。江戸時代の大名や藩に関する記述もそのひとつだろう。しかし、詳細に比較すると、事象のとらえ方には変化もみられる。高等学校の日本史教科書では、大名や藩について、どのように書かれてきたのか、書かれているのか。

江戸時代＝農業社会から多種多様な産業の実態紹介へ

　まず、江戸幕府の成立のところでは、幕藩体制について説明が施されている。強力な領主権をもつ将軍と大名が土地と人民を統治する支配体制を幕藩体制と呼ぶことは変わっていないが、30年前の教科書にあった、経済的には農業によって支えられていたとの一文が、現在の教科書には見えない。これは江戸時代を一律に農業社会と見なしていた30年前と、多種多様な産業の実態に目を向けるようになった現在との違いである。
　つぎに1万石以上の領地を持つ将軍の家臣を大名といい、親藩・譜代・外様に分けられること、大名の領地とその支配機構を藩と呼び、ある程度独自の支配を行っていたこと、最初は有力家臣に領地を与えていたがしだいに蔵米を与える俸禄制に変わることなどが説明される。これらについては30年間ほとんど記述に変化はない。

名前だけが記される「名君」たち

　17世紀半ばになると、藩政が安定して領内の経済が発展し、有能な家臣を登用した岡山の池田光政、会津の保科正之、水戸の徳川光圀、加賀の前田綱紀らの名君が出た。昔の教科書は、百姓一揆が起こるなど社会は

動揺しているものの、文治政治の風潮や儒学思想が浸透していったという抽象的な文脈で説明しているが、現在の教科書は、安定した平和の到来によって諸藩の負担が減り、寛永の飢饉への対応が契機となって、藩政の安定と経済の発展が図られるようになったと、実態に即した説明をしている。ただし、この17世紀の動きについて触れている教科書はあまり多くない。

上杉鷹山像（上杉博物館所蔵）

　寛政の改革が行われた18世紀後半、天明の飢饉による田畑の荒廃や年貢収入の減少で財政危機に瀕した諸藩でも改革が行われた。藩主自らが主導して綱紀を引き締め、倹約を実行して財政難を克服しようとする動きとして説明されている。

　具体的には農村復興、特産物の奨励と専売化、藩校・郷学設立による人材育成であり、改革の成果を上げた熊本の細川重賢、米沢の上杉鷹山（治憲）、秋田の佐竹義和が名君とされている。ほとんどがこの程度の記述であり、藩政改革の事例を詳しく紹介している教科書はない。鷹山を大きく取り上げている教科書が1点あるが、この教科書を使っている生徒は100人に1人にも満たない。

「雄藩」の登場

　19世紀になると、雄藩が登場する。中下級武士からの人材登用、財政再建と藩権力の強化に成功した鹿児島（薩摩）藩・萩（長州）藩・佐賀（肥前）藩、高知（土佐）藩である。薩摩の調所広郷と長州の村田清風の強引な借財の整理や特産品の専売強化、藩主・島津斉彬や鍋島直正らによる反射炉・大砲製造所の建設による工業化などが説明され、この改革が幕末の政局に大きな発言権を持つようになる基盤となったと位置づけられて

いる。

　これら西南の大藩はすべての教科書に取り上げているが、現在の教科書のなかには、これに加えて、水戸の徳川斉昭、福井の松平慶永（春嶽）、宇和島の伊達宗城の名をあげている教科書もある。

後世の分類にすぎない「親藩・譜代・外様」

　江戸時代の藩と大名に関する記述は、これらにほぼ尽きると言っていいだろう。それで藩の実態、藩を運営した官僚としての武士たちの日常がわかるのかといえば、否である。ただし、現在の学習指導要領はここまでの学習を求めていないから、藩の実情、大名・武士の暮らしなどについて、

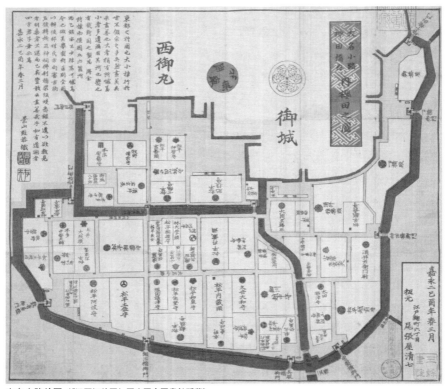

大名小路絵図（『江戸切絵図』国立国会図書館所蔵）

韮山反射炉（静岡県伊豆の国市）

　それぞれの教育現場で学習が必要との判断があれば、地域に合わせた事例の紹介など、生徒の関心を引く授業づくりを工夫してもらうしかない。
　また、実は「藩」が江戸時代には公称ではなく、明治時代に広く用いられるようになった名称であることや、大名の3分類も将軍との親疎からこのように分けられるまでのことで、幕府が分けたのでも、江戸時代に一般的だったわけでもないことに、教科書は言及していない。江戸の絵地図を1枚見れば、外様とされる大名が、将軍一門の名字である「松平」を下賜されて名乗っていたことや、3分類以上に家格による屋敷の位置や広さの差が歴然としていたことに気づくだろう。
　教科書の暗記ではなく、歴史資料からおもしろいものを拾い上げることができる感性や技能を身につけることが、今の歴史教育では求められている。

（高橋）

36 江戸時代⑩
大塩の乱、天保の改革を
どう評価するか

　中学校社会科歴史的分野の学習指導要領は、古代・中世・近世・近代・現代に大きく時代を分けているが、その境界は曖昧に記されていて、どこで分けるかまでをはっきりと示してはいない。たとえば、摂関政治は古代の学習内容として学習指導要領に記されているが、中世の学習内容として具体的に明示されているのは鎌倉幕府の成立からで、その間の院政時代は古代の中で取り扱うことも、中世の中で取り扱うことも可能になっている。どう扱うかは、教科書発行者や教育現場の判断に任されているといっていい。

近世と近代の境界

　近世と近代の境界も同様である。「開国とその影響」は近代の項目で、「欧米諸国の接近」「幕府の政治改革」は近世の項目になっているが、すべての政治改革を近世で取り扱わなければいけないというわけでもない。したがって、大塩平八郎の乱が起こり、天保の改革が行われた19世紀前半を近代の初期に位置づけて記述している教科書も見受けられる。また、この学習指導要領に準拠している以上、多くの人々がイメージしているような、明治新政府の樹立をもって近代のはじまりと記す教科書は存在しない。

　小学校の学習指導要領では取り上げるべき42人の人物が示されているが、19世紀前半に活躍した人物は歌川（安藤）広重・杉田玄白・伊能忠敬の３人のみである。政治にかかわった人物は徳川家光以降、幕末の勝海舟まで載せられていないこともあって、江戸時代の政治改革について記している小学校教科書はない。ただし、民衆運動が注目されていたころの

名残りからか、大塩平八郎とその乱を取り上げているものが3点あり、19世紀なかばに岡山で差別されていた人々が起こした「渋染一揆」は、小学校教科書の定番コラムとして4点すべての教科書に取り上げられている。

中学校になると、19世紀前半の主な政治的な動きは、異国船打払令とそれに反対した高野長英・渡辺崋山の処罰、天保の飢饉で人々のくらしが苦しくなる中で起こった大塩平八郎の乱、水野忠邦が進めた天保の改革、西国諸藩の改革の四つを取り上げている教科書が多い。

水野忠邦像（首都大学東京図書情報センター所蔵）

大塩平八郎の乱の評価

高等学校の日本史教科書を含めて、ほとんどの教科書が、大塩平八郎を私財をなげうって貧民を救済した人物、その乱を人々の苦しい生活を見るに見かねて起こした義挙であるかのように記している。そうした中で、『出潮引汐奸賊聞集記』（大阪歴史博物館所蔵）の説明として、もと幕府役人だった大塩の乱が人々に衝撃を与えたことと、大砲などで武装し「救民」の旗を掲げているという図の説明をしているだけで、大塩の乱を本文で記述していない教科書が1点ある。

最近の研究には、大塩の乱を過大評価することに警鐘を鳴らし、大塩一団の放火による罹災規模は大きく、270人以上が焼死したとみられること、諫言した人物が大塩によって斬殺されていることなどから、大塩の乱をテロ行為として再検討する必要性を説いているものがある。こうした動向を考えると、大塩を過大評価しない教科書があることも理解できるのではな

大塩平八郎像(大阪城天守閣所蔵)

『出潮引汐奸賊聞集記』(大阪歴史博物館所蔵)

かろうか。ただし、「テロ行為」など、現代的価値観をともなう語で歴史的事象をとらえることには賛否もあろう。

分かれる天保の改革の評価

　教科書の中の天保の改革は、水野忠邦が幕府の権威を取り戻そうと、享保(きょうほう)・寛政(かんせい)の改革にならって行った政治改革と位置づけられている。倹約の奨励と風紀の取り締まり、農村の復興と年貢の確保をねらった江戸への出稼ぎ禁止、物価上昇を防ぐための株仲間(かぶなかま)の解散、江戸・大阪周辺の土地を幕府領にしようとした上知令(じょうちれい)などの施策が取り上(あ)げ(げ)られている。

　ただし、どの教科書もこれらの施策をすべて取り上げているというわけではなく、なかには上知令について記していない中学校歴史教科書も１点あるし、逆に、海防目的であったことや、年貢率の高い大名領と年貢率の低い幕府領を交換しようとしたと詳しく記す教科書もある。ある中学校の教科書は、大商人を抑え、かつての自給自足を基本とする農村に戻そうとする考えが時代に合わなかったと、天保の改革に低い評価を下している。その一方で、天保の改革は幕府が標榜した復古にはとどまらず、内憂外患、とりわけ対外的な危機を強く意識して、幕府支配を強化し、それに対応しようとしたものであったと高く評価する高等学校日本史教科書もある。後者の立場に立てば、時代に合わせようとした水野に世間がついてこれなかったということになる。

　こうした正反対とも言える評価は、どちらかが間違いというわけではない。歴史は残された史料というレンズの破片を通して映し出された像であり、その像は必ずしも「真実」ではないこと、「正しい」歴史的評価など存在しないことに気づかせ、それを知ることこそが、「正しい」歴史学習の姿なのかも知れない。

（高橋）

コラム 教科書のなかの地域の先人

　小学校で歴史を学ぶのは6年生だが、それ以前にも歴史的な内容を学ぶ機会がある。市町村レベルの地域、さらに都道府県単位の地域について学ぶ小学校3・4年生の社会科では、「古くから残る暮らしにかかわる道具、それらを使っていたころの暮らしの様子」「地域の人々が受け継いできた文化財や年中行事」「地域の発展に尽くした先人の具体的事例」を学ぶことになっており、教科書にもその事例が載っている。

　4点の現行教科書が載せる主な「先人」は、熊本県山都町の通潤橋を造った布田保之助・橋本勘五郎（19世紀）、横浜市の吉田新田を開いた吉田勘兵衛（17世紀）、和歌山県広川町の「稲むらの火」で知られる浜口悟陵（19世紀）、長野県安曇野の拾ヶ堰を造った等々力孫一郎ら（19世紀）という顔ぶれである。いやはや知る人ぞ知る存在ばかりで、『国史大辞典』（吉川弘文館）が立項しているのは布田と吉田の2人に過ぎない。ただし、これは全国の小学生が吉田勘兵衛について学ぶということではなく、教科書に載っている調べ方や発表方法を参考にして、副読本なども用いながら、児童がそれぞれの地域の先人について学ぶのであって、教科書はそのための参考事例なのである。

　吉田勘兵衛を取り上げる教科書には、その相談相手として砂村新左衛門や友野与右衛門が登場する。これをヒントに、東京都江東区や神奈川県横須賀市に住む児童であれば、砂村新田や内川新田を開いた砂村について取り上げたり、神奈川県箱根町や静岡県裾野市の児童ならば、箱根用水の友野を扱うのもいいだろう。同じ横浜市でも金沢区ならば、泥亀新田の永島祐伯が題材になり得る。こうした学習を実りあるものにするためにも、現場の先生には日頃から地域の歴史に関心を持って欲しいし、地域の博物館や図書館にはそれをサポートする体制を充実させてもらいたい。これらの教科書には博物館・資料館の館長や学芸員が実名・写真入りで登場している。横浜市の博物館のSさん、実は小学生の間では吉田勘兵衛並みの有名人なのである。

（高橋）

原爆ドーム（広島市）

近現代

1853年（嘉永6）	ペリー来航
1858年（安政5）	日米修好通商条約
1867年（慶応3）	大政奉還
1871年（明治4）	廃藩置県
1877年（明治10）	西南戦争
1889年（明治22）	大日本帝国憲法発布
1894年（明治27）	日清戦争
1900年（明治33）	北清事変
1904年（明治37）	日露戦争
1910年（明治43）	韓国併合
1918年（大正7）	シベリア出兵
1931年（昭和6）	満州事変
1937年（昭和12）	日中戦争
1941年（昭和16）	太平洋戦争
1945年（昭和20）	ポツダム宣言受諾
1946年（昭和21）	日本国憲法発布
1951年（昭和26）	サンフランシスコ平和条約
1956年（昭和31）	国際連合加盟
1965年（昭和40）	日韓基本条約
1978年（昭和53）	日中平和友好条約
1987～90年（昭和62～平成2）	バブル経済
2011年（平成23）	東日本大震災

37 明治時代①
明治維新の始まりと終わり

「明治維新」といえば、マルクス主義歴史学における、最も熱い論争の対象のひとつであった。それは、「絶対主義革命」（講座派）か、「ブルジョワ民主主義革命」（労農派）か、という対立であったのだが、論争としては決着のつかないまま、現在はほぼかえりみられなくなっている。しかし、だからといって、日本史上の大変革としての重要性はいささかもゆらぐものではない。

では、その大変革がいつ始まり、終わったのか。これが、考え出すと案外にむずかしい問題であることに気づかされる。鎌倉幕府の成立年はいつか、という議論と同じで、明治維新はどのような変革ととらえるべきか、という大問題と切り離せないからである。

論争は終わっても

学界においては、江戸時代末期から明治前期にいたる一連の諸変革をさ

ペリーの横浜上陸（東京国立博物館所蔵）

して「明治維新」とよぶ、という点で見解一致している。幕藩体制がくずれ、明治新政府が成立して近代国家が形成されていくにはそれなりの時間と、条件の成熟が必要、という暗黙の了解があるといってよいだろう。

ただ、始まりと終わりをいつにとるべきかは議論がある。

日本史関係の辞典や通史・概説書の類を読むと、始まりは、早めにみるなら天保期、遅めにみるならペリー来航というように二分されている。幕藩体制崩壊の始まりをどこにとるかで違ってくるのである。

終わりとなると、廃藩置県、西南戦争、琉球処分、さらには大日本帝国憲法発布などの諸説がある。藩の解体、立憲政治開始、どれを重くみるかで分かれるということであろう。

教科書ではどう書いているか

教科書レベルでは、生徒が混乱するので、こうした議論に深入りする記述は慎重に避けられている。始まりと終わりを明示せず、ごく抽象的に幕藩体制を解体し、近代国家を確立していく過程を明治維新という、といったような例もある。

教科書検定では、明治維新が点、もしくは瞬間としかとらえられていない、あるいは明治新政府成立以降を意味しているように誤解されるおそれ

永濯「田原坂激戦之図」（熊本市立熊本博物館蔵）

がある記述には検定意見がついた。一例をあげると、明治維新＝幕府から新政府への政権交代、ととられかねない記述である。高校日本史教科書はもとより、高等学校世界史教科書でも、中学校歴史教科書でも、さらには小学校でも、この点は同じである。

　もっとも、「幕末・維新期」といったような表現を使うことはよくあるし、その場合の「維新」は明治新政府成立以降をさしているのではないのか、という反論はあり得よう。ただ、この場合の「維新」は文字どおり時期区分のための便宜的な用語であって、大変革としての「明治維新」とは別ものと考えるべきだろう。

幕末の天皇のイメージ

　その大変革の象徴として「王政復古（おうせいふっこ）」の持つ意味は大きい。明治維新を同時代的に経験した世代が「御一新（ごいっしん）」と呼ぶ時にイメージしているのは、まさに幕府から朝廷に政権が移動した事実であろう。武力はもとより経済

明治天皇即位の礼（『明治天皇紀附図』宮内庁所蔵）

力も乏しい朝廷が、なぜペリー来航以後存在感を大きくし、それに応じて尊王論が高まりを見せるのか、は小さくない疑問である。

　以前の高等学校日本史教科書であれば、ペリー来航当時の老中首座・阿部正弘が、それまでの慣例をやぶって諸大名・幕臣に意見を述べさせる一方、朝廷にも報告を行ったことにより朝廷の権威がたかまった、というように説明するのが一般的であった。しかし、それでもなお、やや唐突な印象をまぬがれなかった。

　近世史の領域に入り込んでしまうが、竹内式部や山県大弐が幕府に処罰された宝暦事件・明和事件を題材に、18世紀後半から尊王思想の高まりに注目した記述は、従来から高等学校日本史教科書に盛り込まれていた。ただし、あくまで幕府の存在を否定するものではなく、むしろ補強するもの、という文脈であった。

　しかし、もともと江戸幕府の権威の多くの部分が、征夷大将軍をはじめ、朝廷から徳川氏に授与する官職・位階に依存しており、時間の経過とともに幕府の権威が朝廷のそれに包摂されてくることは指摘されていたし（たとえば、井上勲『王政復古』）、尾藤正英『江戸時代とはなにか』で示された、江戸時代の朝幕関係に関する斬新な指摘、また、江戸後期の朝廷についての研究が進展を見せてきたこと（藤田覚『幕末の天皇』に代表される）などを受けて、幕末に向かおうとする時期の朝廷を、直接対象とした記述が増えてきている。

　具体的には、天明の大飢饉の際に朝廷が幕府に対し窮民救済を申し入れたことや、寛政の改革の時代、朝廷が光格天皇の実父・閑院宮典仁親王に太上天皇の尊号を宣下したいと幕府に申し出たことから朝幕間に緊張が走り、これが朝廷の政治化の起点となったことが書き込まれるようになった。教科書があまり先走るものではないが、用語倒れに終わらない、地に足の着いた新鮮な着想への窓は開いている。

　　　　　　　　　　　　　　　　　　　　　　　　　　　　（村瀬）

38 明治時代② 二つの国際秩序

　明治維新は幕藩制国家を欧米なみの近代国家に再編する試みであった。だとすると、国の中だけで完結する話ではない。開国がひとつのきっかけとなったのだから当然だが、それ以上に、近代国家にふさわしい対外関係を再構築する必要が生じるからである。良好なつきあいを続けてきた近隣諸国との関係も例外ではない。

「書契問題」の持つ意味

　20年ほど前の中学校歴史教科書だと、1875年（明治8）の江華島事件が、明治新政府とお隣の朝鮮とのファースト・コンタクトとされることが珍しくなかった。日本の軍艦・雲揚が朝鮮の首都・漢城近くの江華島で挑発行為に及び、戦闘に発展した事件であり、これを利用して明治政府は、朝鮮との間で不平等条約である日朝修好条規を結び、朝鮮を開国させた。
　その後、壬午軍乱から甲申事変、さらには朝鮮をめぐって勃発した日清戦争となるわけであるから、朝鮮との関係は最初からきな臭かったということになってしまうが、今の教科書は違う。発足直後の明治新政府が朝鮮に政権交代を知らせた際、その外交文書（書契）が従来の形式を逸脱していたことから朝鮮側が受け取りを拒否した、いわゆる書契問題から日朝関係が始まっている。中学と高校とで精粗の差はあるが、必ず触れられている。
　そうなった理由は、書契問題が単なるコミュニケーション・ギャップではなく、中国の王朝への朝貢を軸とした東アジア伝統の秩序──冊封体制にとどまろうとする朝鮮と、条約に基づく欧米流の国際秩序に順応していこうとする日本との、国際秩序観の相克を示す点で重要だ、と認識される

ようになったためだろう。

同じような対立は、琉球処分をめぐる日本と清との間でも見られた。実効支配している地域はわが領土、と考える日本と、琉球から朝貢を受けてきた清との間の溝は埋まらなかった。しかし、だからといってそこから一直線に日清戦争への道が開けていたわけではない。

一本道ではない日清朝関係

最近の中学校歴史教科書の中には、日本駐在の清の外交官・黄遵憲が、朝鮮の修信使として来日していた金弘集に

黄遵憲

与えた助言である「朝鮮策略」を取り上げたものがある。その内容は、朝鮮が清との結びつきを強化するだけでなく、日本やアメリカと連携することを勧め、そのためにまずアメリカと条約を結ぶこと、西欧の技術を学んで富国強兵につとめることを提案している。

実際に「朝鮮策略」は朝鮮を動かし、清の仲介でアメリカと条約を結ぶことになったし、そのことを日本も好意的に受けとめていた。これは中学生には高度な知識であるが、最近の日中韓関係も念頭に置き、複眼的な視点を持ってもらいたいという、執筆者の意図のあらわれだろう。

岩倉使節団、トリビア2題

もちろん、対外関係といえば欧米、欧米といえば条約改正史の出発点であるだけでなく、文化史的意義も大きい岩倉使節団ははずせない。各教科書とも相応のスペースを割いているが、女性の時代を反映してか、使節団に同行した女子留学生の写真はよく載っている。中で最年少の津田梅子の年齢が渡欧当時何歳だったか、各教科書まちまちだというので話題になったことがある。

彼女が創設した津田塾大学のウェブサイトにあるように、西暦1864年

岩倉使節団（山口県文書館所蔵）

12月31日に生まれた彼女は、使節団出発時（出発年は明治4年、つまり西暦1871年の旧暦なら11月、新暦だと12月）には満6歳だった。もとより明らかな誤りや、生徒の誤解を誘導するような表現でない限り、検定意見の対象とはならない。

　女性のトリビアが出たので、男性のそれも。岩倉使節団というと、和服に靴を履いた岩倉具視が中央に坐り、木戸孝允や大久保利通らが脇を固めるように立っている写真を、歴史教科書で目にした記憶をお持ちの方も多いだろう。その写真で木戸と岩倉の間に立っている佐賀出身の山口尚芳は、昔の教科書だと、キャプ

岩倉使節団に同行した女子留学生
（津田塾大学津田梅子資料室所蔵）

ションの中で左端が木戸、1人おいて岩倉、などと飛ばされてしまうこともある損な役回りだった。れっきとした副使なのに、である。

その山口の名前「尚芳」のルビは従来「なおよし」とされてきたが、10年ほど前から「ますか」という読みが併記されるケースが増えた。1995年に『勅奏任官履歴原書』(ちょくそうにんかんりれきげんしょ)(国立公文書館所蔵)なる当時の官僚たちの履歴資料が刊行されたのだが、そこに載っていた読みが「ますか」であった。同資料は掲載された人々自身の閲読を経ている点で信頼性が高く、「ますか」が陽の目を見たのである。

さて、明治国家の「外」に対する「内」は、といえば民撰議院設立建白(みんせんぎいん)に始まる自由民権運動(じゆうみんけんうんどう)が花形だが、こちらは記述も道具立てもややマンネリ化している。有泉貞夫氏が「政治史的な核心部分については、20年以上まえの後藤靖・下山三郎氏らの研究水準が未だに越えられていないのではないか」と書いてから30年以上過ぎたが、教科書記述に変更を迫る進展はなお未だし、ではないか。教科書はそれを待っている。

(村瀬)

39 明治時代③
憲法発布と日清・日露

　憲法をつくり、それまでほとんど経験のない議会政治を導入し、4年後にアジアの大国と、それから10年後には欧州第一の陸軍国と、年間の歳入を上回る戦費をはたいて、のるかそるかの大戦争に突入。こんな歴史を歩んだ国は、世界でも日本以外にない。教科書にそれをどう描いてきたか。

憲法発布式の図（聖徳記念絵画館所蔵）

明治憲法体制の出発

　憲法、つまり大日本帝国憲法の解説は今も昔もさほど変わらない。欽定憲法にして、広範かつ強力な天皇大権の存在は当然の前提として、国民の権利と自由をどう定めているかを表現するのに、法律の許す範囲という制限付きであったが認められた、と書くか、法律の許す範囲でしか認められなかった、と書くかという、教科書ごとの記述の幅は定着している。

　総じて記述量は増えて

帝国国会議事堂之図（憲政記念館所蔵）

きているようだ。
　最近は中学校歴史教科書でも、天皇大権が憲法に規定された帝国議会、各国務大臣、陸海軍の輔弼を得て行使されることを叙述する例も出てきている。
　一方、1890年（明治23）11月に開設された帝国議会での審議を通じて、藩閥と政党とが当初は激しく対立しながら、次第に接近し、提携していく過程については、高等学校日本史教科書に比較すると、中学校歴史教科書のそれは簡略である。以前だと軍事予算に反対されたから、とか、やがて政党の力を認めるようになり、といったような、事実経過のレベルで書かれるのが常で、現在でも、衆議院の運営上政党を無視できない、とか、日清戦後経営の箇所で、安定した政治が必要であったから、と説明するといったぐあいである。
　1970年代に坂野潤治氏の『明治憲法体制の確立』が刊行され、藩閥・政党双方が帝国憲法の枠内で自己の主張を通そうとすれば、妥協・提携によって議会を運営しなければならなくなるメカニズムを明らかにしているが、中学生にそれを説明するのは至難のわざで、執筆者はそれこそ妥協しなければならないようだ。
　高等学校日本史教科書はさすがにそのようなことはなく、議会の同意が

なければ予算も法案も成立せず、政権運営が立ち行かなくなることを通じて政党が力を伸ばしてくる、という、坂野氏が指摘した、帝国議会の制度的な強さを踏まえた記述になっている。帝国憲法は政党内閣を否定するような条文を含んでいない、というユニークな指摘をする教科書も登場しており、制限的だが意外に包容力に富む帝国憲法の特質が教科書記述の中でも注目されていくかもしれない。

日清戦争と国民

　藩閥と政党とが帝国議会を舞台に繰り広げた対立の最終局面で勃発したのが日清戦争であった。日清戦争の描き方も、帝国憲法同様大きな変化はない。壬午軍乱や甲申事変（甲申政変ともいい、少数ながらこちらを用いる教科書もある）などを経て清との緊張が高まって、という経過が書かれている。

　ただ、新しい傾向として、勝利に熱狂し、三国干渉に憤懣を抱き、「臥薪嘗胆」に耐えることを通じ、国民が国家の命運を身近に感じ始める姿を取り上げる教科書があらわれたことは注目される。

日露戦争は総力戦の先駆？

　日露戦争はどうか。これもさほど変化はない。イメージとしては、定番として取り上げられ続けている与謝野晶子の「君死にたまふことなかれ」と、当時の雑誌『東京パック』の有名な挿絵（一般国民を示す痩せ衰えた老人が、「増税」という重い荷物をかついでいる姿）が象徴する。国民は戦争に協力しながらも、その一方で出征した肉親をひたすら気遣い、戦中も戦後も増税にじっと耐え抜いてゆく、そのような戦争として、描かれている。勝利によって得た領土・植民地が、今日の日本にも重い記憶であり続けていることはいうまでもない。

　ところで、今から10年ほど前が日露戦争100年にあたることから、学界ではそれにちなんだいくつかの企画がなされ、著作なども多く生み出された。そこでは日露戦争の画期性が注目された。

　仮にロシアに味方する国があらわれたら、日英同盟の規定に基づいて参

『東京パック』明治41年5月20日号

与謝野晶子

戦しなければならないイギリスが、当時ロシアと親しかったフランスとの国交調整を急ぎ、英仏協商が結ばれたように、日本とロシアの戦争だけでは済まなくなる可能性があった上、両国とも前例のない兵力を動員し、日本は国力の限界まで振り絞ることとなった。その姿は、10年後に勃発する第一次世界大戦で明確な像を結んだ「総力戦」を予見させるものといえた。これらの点に着目して、日露戦争を「第０次世界大戦」と呼ぶべきだ、という提唱すらなされた。横手慎二『日露戦争史─20世紀最初の大国間戦争─』は、それを代表するものである。

　以前の中学校歴史教科書でも、日露戦争をかつてない規模の戦争、とか、列国の利害の複雑にからみあう戦争、といった描き方をして、日露戦争の特異性に注目を喚起していたが、比較的最近の高等学校日本史教科書で、側注のかたちで日露戦争と総力戦との類似性に注目させるものもあらわれた。用語や概念倒れに終わらない新鮮さなら、教科書の活性化につながることになるだろう。そこは、編集と執筆両方の意欲が問われよう。

(村瀬)

40 大正時代
教科書の中の「転換期の大正」

　転換期の大正、などといえば、故・岡義武東京大学名誉教授の著書の題名と同じになってしまうが、明治・昭和はもとより、平成とくらべても半分程度の短い期間とはいえ、確かに転換期と呼ぶにふさわしい時代ではある。

　実際、時代を画するキーワードを見つけようとすれば困ることはないのが大正期の特徴で、それ自体転換期であることを象徴的に示すものだ。護憲運動、民本主義、都市化、大戦景気、軍縮、震災、普選運動、etc……。だが、教科書を書こうとすると、それらに拘束されて、むしろ特徴を出しにくい時代という側面もあるようだ。

反映させにくい研究成果

　大正の幕開けを告げる大正政変。陸軍の要求する二個師団増設を拒んだ第2次西園寺公望内閣が倒れ、第3次桂太郎内閣が成立したが、それに対して山県閥の陰謀だ、内大臣・侍従長の桂の組閣は宮中・府中の別を乱すものだ、という民衆の声がわきあがり（第1次護憲運動）、窮地に立った桂は、新党（立憲同志会）をつくって切りぬけようとするも結局退陣し、戦前における政権存続期間の最長記録（第1次）と最短記録（第3次）を併せ持つことになった――このようなイメージが一般的なものだろう。

　ただ、1982年に刊行された坂野潤治『大正政変』を皮切りに、政変の重要なアクターである薩派＝海軍、その代表者たる山本権兵衛の動向や、桂新党の真の狙いなどが明らかにされつつあり、政変自体のイメージは変わってきているのだが、やはり中学生や高校生に理解できるように教科書叙述に生かすのは難しいと見えて、まだ充分に研究動向が反映されてはい

ない。とりあえず、在野の運動が直接政治変動をもたらした初の例として描けば、政変の内容や意義は尽くせている以上それでかまわないわけであるが、一部の高等学校日本史教科書には、桂新党の意図を政治の刷新

第1次護憲運動

（具体的には対中国政策の転換）にあるとし、単なる窮余の一策とは違う側面を伝えようとする動きもある。

写真は腕の見せどころ

　全体としては、大正期の、まさにごった煮のような多様さを描き切るのはかなり難しく、各教科書とも叙述を工夫するのはもとよりだが、ヴィジュアル面を充実させることに力を入れる傾向があるようだ。中学校歴史教科書と高等学校日本史Ａの教科書にはそれが特に目立つように思われる。

　定番のものにまじって、某中学校歴史教科書に載せられている、シベリア出兵の際のウラジオストクで撮影された、防寒具を支給された日本兵のスナップなど、何気ない構図ながらどことなくペーソスを漂わせる点印象に残るものであるし、初の普選（1928年）当時の、東京市本郷区（現・文京区）の投票所にできた長蛇の列をとらえた写真も意外な訴求力がある。

　定番ながら訴求力があるのは、水平社の活動家として著名な山田孝野次郎少年が、1924年（大正13）の全国水平社青年同盟の演説会で演説する写真。当時18歳であった小柄な少年が、聴衆をまっすぐに見据え、熱弁をふるう構図は確かに迫力があり、脳腫瘍で夭折する彼の運命とも相まって見る者の胸を打つ。

普選投票所の行列

山田孝野次郎の演説

改められた数字

　最後に、数字の話題をひとつ。1923年（大正12）9月1日におこった関東大震災に関連するものである。いうまでもなく、震災は膨大な被害をもたらしただけでなく、甘粕事件、亀戸事件、流言飛語による朝鮮人虐殺など、社会に大きな爪痕を残し、さらに、昭和に入ってからの金融恐慌にも明らかなように、その後の日本経済に長く深刻な影響を与えた。

　この関東大震災の犠牲者数については、死者・行方不明者合計で14万2000人あまりという数字が長らく権威を持っていた。これは、今村明恒

関東大震災

博士(東京帝国大学地震学教室)が、震災から2年後に集計して出した数字で、それが文部省震災予防調査会の報告書に掲載され、『理科年表』(丸善発行・文部科学省国立天文台編集)に引き継がれてきたのである。

ところが、鹿島建設の諸井孝文(もろいたかふみ)・地震地盤研究部次長らが再調査した結果、今村博士の集計は、被害が比較的少なかったはずの東京府郡部の行方不明者が不自然に多い点などに不備が認められ、行方不明者と身元不明の死者が3万~4万人重複している可能性が高いことが明らかになった。

その結果、死者・行方不明者合計10万5000人あまりという数字がはじき出され、『理科年表』の2006年度版からその数字が掲載されるようになった。教科書にもそれが浸透し、最近は具体的な数字を載せる場合は、『理科年表』にそったものになっている。

数字というのは事象を把握する上で何より有用な、わかりやすいアイテムであるが、それだけに一人歩きしやすい面がある。歴史事象にまつわる数字は、根拠となる統計資料が完備している例は多くなく、かなりの程度推計によらなければならない場合がしばしばある。その意味では、この震災の犠牲者数は、誰もが納得するかたちで修正され、確定された、まれな事例である。

(村瀬)

41 軍靴と銃声の時代
昭和時代①

　昭和戦前期といえば、慢性的な不況の重苦しさが、軍靴の音と銃声にかき消されていく時代というイメージだろうか。
　身も蓋もないいい方をすれば、政党内閣が政策を誤って不況を深刻化させ、それをきっかけに軍部が台頭し、満州事変をひきおこして戦争の時代へ、という以外描きようのないところなので、教科書ごとにそれほどのヴァリエーションは見受けられないが、それでも最近の研究動向を反映してか、昭和天皇に注目する記述が、高等学校日本史教科書に登場している。
　例をあげると、「満州某重大事件」の処理をめぐって天皇が田中義一首

満州事変での日本軍

リットン調査団

相を叱責したことを、明治天皇の場合などと比較して異例の政治関与とうけとった軍部・右翼が、天皇や牧野伸顕内大臣に不信感を抱いたとか、満州事変勃発に際しても、陸軍は天皇に対する信頼を弱めていたために、天皇の事変不拡大の意向を重んじなかったなど、特に天皇と軍部との関係について踏み込んだ記述が登場している。

外交過程は楽じゃない

　執筆者の苦労がうかがわれるのは、満州事変の現地調査を行ったリットン調査団の報告書と、それに基づく国際連盟の勧告案の内容についての記述である。

　リットン報告は日本の軍事行動を正当な自衛措置とはしなかったし、満州国も自発的な民族独立運動の所産と認めることもなかった。ただし、満州を事変勃発前の状態に完全に戻すことを主張しているわけではなく、中国の主権のもとで、国際連盟派遣の外国人顧問の指導による自治政府をつくって、統治はそれに委ね、同時に満州を非武装地帯化し、治安は「外国人教官の協力を以て特別憲兵隊を組織」して、それに担わせる、と提言し

41 軍靴と銃声の時代　　169

ていた。

　事実上、これは満州を国際連盟の委任統治とすることを意味しているのだが、これだけの内容を限られたスペースで正確かつ詳細に書き込むことは容易ではない。特に誤解を生じさせるような記述でなければ検定意見がつくことはないが、執筆の勘所とでもいうべきは、結果として中国が満州の主権を喪失するように受け取られてはまずい、ということと、国際連盟の勧告案の中に盛り込まれた日本軍の撤退が、全満州から引きあげることを意味している（実際は、本来の駐屯地である関東州及び満鉄附属地へもどる）ように誤解されてはうまくない、ということだろう。

　一般論として、外交交渉の決着はわかりにくい場合がままあり、双方の異なる解釈を併存させたり、解決せざるをもって解決とす、式もしばしばある。それを教科書に書く苦心は並大抵ではない。リットン報告書などはまだわかりやすい方だが、それでも気はつかわざるを得ない。しかし、そうした苦心が評価されることはあまりない。

　満州事変と関連してだが、最近の教科書では「十五年戦争」もしくはそれに準じた表現はあまりつかわれなくなった。「十五年戦争」は、満州事変から昭和20年の敗戦までを一続きの過程ととらえようという発想のもとに導入された用語で、確かに政治体制の軍事化過程に注目した場合などは有用性があるのだが、15年間日本が一貫して戦争を継続していたわけではないし、満州事変が日本の国際連盟脱退というかたちで収束してから日中戦争勃発までの、わずかな期間にあり得た可能性を軽視することにつながるおそれもある。おそらくはそのような理由ではなかろうか。決してよいことではないが、歴史用語にも流行り廃りがある。

政党政治のささやかな存在感

　さて、軍部の台頭を誘発してしまったということで影の薄い政党政治の方だが、中学校歴史教科書だと、金融恐慌・昭和恐慌や、ロンドン軍縮条約締結の記述はあっても、浜口内閣による金解禁の断行とその失敗については全くといっていいほど触れられていない。その前提となる金本位制を理解することすら中学生にとっては至難の業だし、教える先生の側も

浜口内閣

労多くして功少なかろう。政党政治没落の原因については、恐慌に対しての無策や、汚職事件が頻発したことなどを知ってもらえば充分ということだろう。

高等学校日本史教科書、特に日本史Bだとさすがにそうもいかず、本文記述はもとより、注釈も駆使して懸命に金解禁を説明しているが、それでもかなり大変そう

井上準之助（日本銀行提供）

だ。いざ教えるとなると、先生も苦戦することだろう。

ところで、それまで人脈的に政友会と近く、しかも金解禁には慎重な姿勢をとっていた井上準之助が、なぜ浜口民政党内閣の蔵相となって金解禁に踏み切ったか、というのは、実は近代政治史上の謎の一つなのである。それへの答えになるわけでは全くないが、ある日本史Aの教科書には、井上と浜口、さらに外相・幣原喜重郎も加えた3人の友情をとりあげたコラムが登場している。彼らに注目した記述はあまり例がなく、その意味でも注目に値しよう。それにしても、愚直な失敗者は人をひきつける。浜口や井上をみると、その思いを新たにする。　　　　　（村瀬）

41　軍靴と銃声の時代　　171

42 昭和時代②
「先の大戦」を何と呼ぶ？

　「先の大戦」という言葉を聞いたことがあるだろうか。2015年の安倍首相による戦後70年談話でもこの言葉が使われていたし、毎年終戦記念日に行われる式典における今上天皇の「お言葉」でも耳にすることがある。現在の日本政府は、あの戦争に固有の名称をつけていない。それで、表現のしようがないから、公式の場では、ずっと「先の大戦」と呼んでいる。

　ただし、文部科学大臣が公示する学習指導要領は、具体的な学習内容を示す必要があるから、「先の大戦」という普通名詞を用いるわけにはいかない。そこで小学校の学習指導要領では「我が国にかかわる第二次世界大戦」、中学校・高等学校の学習指導要領では「第二次世界大戦」の語が使われている。

三つの名をもつ「先の大戦」

　現在、新聞・テレビを含め、多くの人々が「先の大戦」を「太平洋戦争」と呼んでいるのは間違いないだろう。ところが、教科書では、もっと多様な用語が用いられている。2015年から使用されている小学校6年の教科書は4点すべてが「我が国にかかわる第二次世界大戦」を「太平洋戦争」と呼んで

全国戦没者追悼式の模様

172　昭和時代②

いる。うち1点は側注で「最近では、アジア・太平洋戦争と呼ばれることも増えてきています」という説明を加えている。この教科書の2014年度使用版（2009年度検定済）は、本文で「アジア・太平洋戦争（太平洋戦争）」と記していたが、2014年度検定の現行版から「太平洋戦争」に戻した。

　2015年度に使用された中学校歴史教科書7点の本文記述では、「太平洋戦争」3点、「大東亜戦争」が2点、「太平洋戦争（アジア・太平洋戦争）」「アジア太平洋戦争（太平洋戦争）」が各1点ある。このうち、「大東亜戦争」と記す2点は、それぞれ見出しで「太平洋戦争（大東亜戦争）」「大東亜戦争（太平洋戦争）」と併記し、戦後、ＧＨＱあるいはアメリカが大東亜戦争の用語使用を禁じたので太平洋戦争と呼ばれるようになったと注記している。また、当時の政府が「大東亜戦争」と呼んだことを注記している教科書もこの2点のほかに4点ある。したがって、7点中の4点が本文・注記を含めて、「太平洋戦争」「大東亜戦争」「アジア・太平洋戦争」の3種類の呼び名を載せていることになる。たとえば、ある教科書は「太平洋戦争　当時の日本政府は、「大東亜共栄圏」を建設するという目的から、「大東亜戦争」と呼びました。また、太平洋だけではなく中国や東南アジアでも戦争が行われたことから、最近では『アジア・太平洋戦争』とも呼ばれます」と注記している。この4点が教科書のシェアーの大半を占めるから、ほとんどの中学生はこの三つの用語を知っているということになる。その一方で、見出しに「大東亜戦争」を掲げる2点の教科書は、「アジア・太平洋戦争」の用語を載せていない。

　高等学校の日本史教科書ではもちろんこの三つの用語が用いられていると思いきや、そうではない。もっとも多くの高校生が使っている教科書を含め、7割の生徒が使っている教科書に「アジア・太平洋戦争」の用語が載っていないのである。

戦争の呼び方は歴史観の表明？

　なぜ、こうも「先の大戦」についての用語が教科書によって異なるのか。それは、「先の大戦」がどう呼ばれているかという客観的な事実関係だけではなく、どう呼びたいかという執筆者の歴史観、主義・主張の違い

「大東亜戦争」命名の記事
（昭和16年12月13日付「読売新聞」朝刊）

『アジア・太平洋戦争』
（集英社版、1993年）

に起因しているからである。

　戦後、長らく一般的に使われ、教科書にも記されてきた「太平洋戦争」以外の名称が、教科書で用いられるようになったのには、それなりの歴史的経緯がある。

　庄司潤一郎氏の研究によれば、「アジア・太平洋戦争」が活字に登場したのは1985年だといわれている。1993年には書籍タイトルに初めて使われた。高等学校教科書への登場もこの年度に検定が行われた教科書からである。日本史Ｂ３点、日本史Ａ１点で、本文の太平洋戦争に対する説明の脚注として使われた。2001年度の検定では、「アジア・太平洋戦争」のみを本文や見出しに使う図書が申請されたが、「現在一般的とは言い難い」という検定意見がつき、「太平洋戦争（アジア・太平洋戦争）」に修正されている。このころ「教科書が使えば広まる」と発言した執筆者がいたという話を聞いたときには驚かされた。この人たちにとって教科書は所詮運動の手段に過ぎないのかと。

　その後、2005年に『岩波講座　アジア・太平洋戦争』が刊行されるな

ど、若干の広まりもあったことから、現在は「アジア・太平洋戦争（太平洋戦争）」の表記も許容されている。

「アジア・太平洋戦争」は定着するのか

　一方、「大東亜戦争」を本文に用いる高等学校日本史教科書が登場したのは、1986年であった。外交問題に発展した教科書である。これには現在の一般的名称の併記を求める検定意見が付けられた。2000年度には中学校歴史教科書にも「大東亜戦争（太平洋戦争）」を見出しに掲げる図書が検定申請され、「戦後、アメリカはこれを太平洋戦争とよばせた」という記述には検定意見が付いている。

　また、かつては満州事変から太平洋戦争終結までを「十五年戦争」と呼ぶのが適切なのだと記す教科書があったが、最近では「十五年戦争」という用語を載せる教科書はほとんど見られなくなった。一過性の「適切」さとは何だったのだろうか？　30年後、いったいあの戦争は何と呼ばれているのだろう？

　　　　　　　　　　　　　　　　　　　　　　　　　　　　（高橋）

43 昭和時代③ 人とモノで見る占領と戦後改革

　占領。それは、国土が戦火に見舞われた末に降伏するという、初めての体験を味わった日本人が、最終的に突きつけられた重い現実であった。だが同時に、占領が日本人をそれまでと違った、全く新しいステージへ導いたのも事実であった。

憲法、墨塗り教科書、男女同権

　価値観が大転換をとげる混乱期を浮き彫りにするのは、やはりビジュアル資料である。大正期以上に、歴史教科書の中で写真が活躍する時代といってもよいだろう。

　スタンダードといえるのが、当時文部省が作成した中学生向けの憲法の副読本『あたらしい憲法のはなし』中のイラスト、墨塗り教科書、婦人参政権関係などといったところ。

　『あたらしい憲法のはなし』は、その後何度も版元をかえて復刻されたことからもうかがえるとおり、時代を象徴する出版物であったし、墨塗り教科書は、教科書に墨を塗るという行為そのものが衝撃的であった。そして、女性参政権は女性の時代到来の記念碑であり、男女が入り交じって投票所に並ぶ風景や、国会の雛壇にすわる婦人代議士たちの写真がよく使われてきた。これらのいずれもが、敗戦直後を視覚的につかまえさせる訴求力が高いと考えられているのだろう。

多彩な人物写真

　人物写真も当然有力なアイテムたり得る。有名な、マッカーサーと昭和天皇が並んでおさまっている写真を中学校歴史教科書が使っているし、高

『あたらしい憲法のはなし』

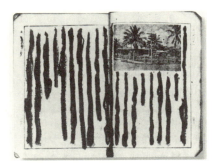

墨塗教科書

初の女性国会議員

等学校日本史Ａの教科書の中には、新憲法のＧＨＱ草案作成スタッフのひとりだったベアテ・シロタ・ゴードンや、民間で独自に「憲法草案要綱」を練っていた憲法研究会の中心人物である鈴木安蔵、やや時期はくだるが朝鮮戦争の頁で白洲次郎など、かなり異色の人物の写真を掲載するものがある。

　人物写真というくくりではないが、東京裁判関係のコラムの中で、ＢＣ級戦犯として裁判にかけられた庶民の悲劇を題材としたテレビドラマの名作、「私は貝になりたい」（橋本忍脚本）の一場面を載せてきたものがあった。

　その写真が、最初は所ジョージ主演のリメイク版（1994年）のものだったので、ここはやはりフランキー堺主演のオリジナル版（1958年）をとってほしいところだな、という密かな個人的感想を持ったが、改訂にともなってオリジナル版に差し替わり、何となく安心したのをおぼえている。妙なもので、同時代感とでもいうのか、フィクションとはいえ、白黒の地味な写真の方が当時の雰囲気を濃密に伝えるように思える。

　その東京裁判は、避けては通れないが、教科書で扱うには重いテーマである。中学校歴史教科書では日本の非軍事化の一環として比較的簡単に触れられることがほとんどだが、高等学校日本史教科書ではそうもいかず、ある程度の量を費やさざるを得ないようだ。スタンスは皆ほぼ同じで、淡々と事実面の叙述に徹している。インドのパルのように批判的な意見書を出した判事もいたこと、戦勝国の戦争犯罪は対象とならなかったこと、天皇訴追の動きもあったことまで触れるものもある。

「私は貝になりたい」オリジナル版

「逆コース」への道

　さて、ある時期を境に占領の重点が日本の民主化・非軍事化から、日本をアジアにおける反共の防波堤とする方向へ転換されていく。いわゆる

「逆コース」(ちなみに、『読売新聞』の1951年の特集記事のタイトルに由来するこの用語は、現在は日本史教科書ではあまり見かけなくなった)の時代だが、かつては、その転換のきっかけがあたかも朝鮮戦争にあるかのような記述をしてくる申請図書が見受けられた。実際には、朝鮮戦争勃発より2年ほど前、中国の国共内戦において、共産党の優勢が明確になるあたりから占領方針の転換は始まっていた。朝鮮戦争は転換を加速させる要因であっても、出発点ではなかったのである。そこに誤解を生むおそれのある記述に対しては検定意見がついた。

占領期とは全く関係ないが、日露戦争後の韓国併合の直接の原因が伊藤博文暗殺にあるかのようなニュアンスの記述に意見がついたような例もある。なぜこの話をここで書くかというと、歴史というのは、アクションとリアクションの短絡的な連鎖で動いていくものではないからである。歴史は混沌としたもので、行きつ戻りつ、時には逸れつつ、流れてゆく。それをご理解いただくのも歴史教科書の使命であり、その点、事実面はもとよりのことだが、因果関係も当然厳格に書かれなければならない。わかりやすさや、時には面白さを犠牲にしてでも、混沌としたものは混沌としたものとして表現されなければならないのである。

朝鮮戦争といえば、現在では北朝鮮側の侵攻がきっかけであることが明らかになっている。偶発的な衝突からおこった戦争ではない。きっかけが何であるかは戦争の本質を考える上で重要であるのはもちろんであるし、直接戦闘によるものではないとはいえ、朝鮮戦争では日本人も命を落としているのである。

(村瀬)

44 昭和時代④
高度成長期への新たな視線

　日本史教科書の近現代の部分を読み進めていくと、高度経済成長のあたりからページの印象が変わってくる。戦前・戦中期のページでは、物騒な事件や戦争の場面を写した重苦しいモノクロ写真が迫ってくるが、戦後の「政治の季節」をへて高度成長期になると、東京オリンピックや大阪万博などの華やかなカラー写真が増えてきて、急に時代が明るくなったように感じるのである。だが、歴史の教科書が時代を多面的に描くことを目指している以上、高度成長期を単なる栄光の時代として済ますわけにはいか

東京オリンピックの開会式（毎日新聞社提供）

ない。現在の教科書は、新たな視点や情報を加味しつつ、この時代の多様な側面を、より細やかに描き出そうとしている。

「日本的経営」への注目

この時代の記述の中心はやはり経済成長ということになるが、近年の教科書で目を引くのは、高度経済成長のひとつの要因として、いわゆる「日本的経営」が取りあげられていることである。労働者が同一企業で定年まで雇用される「終身雇用」、賃金が年齢や勤続年数に応じて上昇する「年功賃金」、労働組合を企業ごとに組織して労資（労使）協調をはかる「企業別組合」。これらを特徴とする「日本的経営」が定着して、企業の生産体制の整備に寄与し、年平均10％を超える驚異的な経済成長を支えたというものである。1980年代の教科書では、高度成長の要因として、技術革新、貿易の自由化、エネルギー革命（石炭から石油への転換）などを挙げるに止まっていたが、80年代から90年代にかけての「日本的（型）経営」論の高まりを受けて、教科書にもそうした視点が盛りこまれるようになったということだろう。

沖縄返還をめぐる新記述

高度成長期の政治事項として大きく取りあげられるのは、1972年に実現した沖縄の日本復帰である。ベトナム戦争にともなう基地用地の接収や米兵の犯罪増加などを背景に、祖国復帰運動がさらなる盛り上がりをみせたこと、佐藤栄作首相とニクソン大統領との間で合意が成立し、71年に沖縄返還協定が結ばれたこと。こうした復帰実現にいたる経緯が描かれるのは昔から変わっていないが、現在の教科書に特徴的なのは、復帰前の沖縄の人びとの状況と、復帰後の米軍基地の存続問題について、格段に厚みを増した記述がなされている点だろう。

たとえば、復帰前の人びとが置かれていた困難な状況を物語るエピソードとして、高校球児が甲子園球場の砂を持ち帰りながら、防疫法に触れるという理由で、那覇港の海に捨てざるをえなかった話が紹介されるようになった。また、沖縄の人びとを導いた復帰運動のリーダーとして、初代県

沖縄米軍基地に飛来する爆撃機（毎日新聞社提供）

知事を務めた屋良朝苗の活動に脚光が当てられるようになった。一方、復帰後の基地存続に関しては、かつての教科書は、それが問題として残されたことを指摘するのみであったが、近年の教科書は、地図やグラフなどを活用して、沖縄に現に多くの基地が集中している実状を示し、復帰時の問題がそのまま現在の問題として続いていることを、より丁寧に伝えようとしている。こうして、高度成長に沸きたつ本土と、復帰に揺れる沖縄の双方に目を向けさせることで、教科書は生徒たちに、この時代の多面的な理解を促しているのだろう。

　沖縄返還をめぐっては、ごく最近の教科書からみられるようになった新しい記述もある。返還の実施に際して、沖縄から米軍の核兵器が撤去されることになり、衆議院でも核兵器を「持たず、作らず、持ちこませず」という非核三原則が決議されたが、実は佐藤首相とニクソン大統領との間に秘密合意があり、有事の際には核兵器を再び持ちこむことが可能になっていた、という「核密約」の記述である。関係者の証言や、新たなメモの発見によって明らかになってきたもので、現代史ならではの生々しさを感じさせる。

身近になった文化史

高度成長期の文化・世相は、大衆消費社会の到来という文脈で描かれる。以前の教科書では、この時代の文化を代表する人物として、朝永振一郎・江崎玲於奈・川端康成といったノーベル賞受賞者を並べるのが常であっ

東大紛争時の安田講堂

たが、近年の教科書では、力道山や長嶋茂雄、松本清張や司馬遼太郎、手塚治虫や長谷川町子など、文字通り大衆的な人気を誇った人物が取りあげられるようになっている。60年代に流行したロックミュージック・フォークソング、70年代に流行したニューミュージック、漫画雑誌の『少年マガジン』『少年サンデー』など、当時の若者文化も幅広く紹介されるようになり、生徒にとって親しみやすい題材が増えている。

各地の大学・高校で起こった学園紛争も、いまや歴史の一場面となり、攻防の舞台となった安田講堂の写真付きで詳しく説明されるようになった。文化・学問の大衆化という点でも、高度成長期は大きな変化の時代として描かれているといえよう。

（三谷）

45 昭和時代⑤ バブル経済と昭和の終わり

　1985年9月、先進5か国蔵相・中央銀行総裁会議（G5）で、アメリカの貿易赤字の要因であったドル高を是正することが合意される（プラザ合意）と、同年から翌86年にかけて円高が急速に進み、日本経済は深刻な不況に陥った（円高不況）。しかし、国内需要の拡大策によって87年には景気が回復し、さらに超低金利政策のもとで容易に資金を借りられるようになった企業・金融機関が、あり余った資金を不動産市場や株式市場に投入したことで、地価や株価が大幅に上昇して異例の好景気となった。投機の連鎖のなかで、地価と株価は異常な高騰をみせ、経済は実体からかけ離れた「マネーゲーム」の様相を呈していく。やがて、日本銀行による金融引き締め政策と、政府による不動産取引の抑制によって、90年代初頭に株価と地価は急激に下落することになり、以後、日本経済は長期の不況に苦しむようになる。

　いわゆる「バブル経済（景気）」の発生と崩壊について、多くの教科書は以上のような図式にしたがって説明をしている。1980年代に関する教科書記述は、この特異な経済事象を中心に展開するが、それが無味乾燥な解説に終わっていないのは、「バブル」を一種の社会現象として捉え、その狂騒に満ちた雰囲気をリアルに伝えようとする努力がなされているからだろう。

地上げ・ディスコ・海外旅行

　バブルの時代を象徴する現象として教科書で取りあげられることが多いのは、地上げやウォーターフロントのディスコ、海外旅行ブームなどである。土地売買が過熱するなかで、不動産業者が強引な手法で住民を立ち退

地上げで孤立した家屋（毎日新聞社提供）

ジュリアナ東京の店内

かせ、更地にして転売するという悪質な「地上げ」が横行した。周りがすべて空き地となったなかに、古い家屋が1軒だけ取り残されている印象的な写真を使って、教科書は地上げの凄まじさを鮮明に伝えようとしている。海外旅行ブームについては、旅行者であふれる成田空港の写真を掲げながら、円高を背景に若い女性も気軽に海外旅行に出かける時代になったことを記している。

　ディスコに関しては、バブルの代名詞的な店舗として「ジュリアナ東京」が教科書でも紹介されるようになった。東京都心の地価高騰を受けて、「ウォーターフロント」と呼ばれる湾岸部が新たな再開発エリアとなり、倉庫街だった有明や芝浦などに次々とディスコがオープンする。その

45　バブル経済と昭和の終わり　　185

ひとつであったジュリアナ東京の「お立ち台」で、扇子をもった「ボディコン」姿の女性たちが連日過激なダンスを披露していたことを、写真入りで紹介する教科書がみられるようになったのである。ただ、その教科書は、バブルの象徴として記憶されるジュリアナ東京のオープンが、実は1991年のバブル崩壊後であると付記することも忘れていない。

中曽根政権の存在感

1987年に上場したNTTの株価は、バブル景気の波に乗って一時急騰するが、そのNTTを日本電信電話公社（電電公社）の民営化によって生み出したのが、82年から87年まで続いた中曽根康弘政権である。80年代の政治に関する記述では、この中曽根政権の存在感がやはり大きい。レーガン米国大統領やサッチャー英国首相に代表される、世界的な新自由（新保守）主義の潮流のなかで、政府の支出を抑制する行財政改革を推進し、電電公社のほか、日本専売公社と日本国有鉄道（国鉄）の民営化を実現したことが特筆されている。また、日米関係と日韓関係を改善・強化し、西側陣営の一員として防衛力の強化を図ったことも重視されている。「ロン・ヤス関係」とも呼ばれた、レーガン大統領と中曽根首相との親密な関係を物語らせるかのように、2人が並んで談笑する東京サミット（86年）の写真を掲載するものも少なくない。

中曽根首相に関しては、「日米運命共同体」「日本列島不沈空母化」「日本は単一民族国家」など、刺激的な発言をくり返したと記すものもあって、さまざまな意味で個性の強い首相であったことが伝わってくる。歴代首相で、教科書にこのような発言が紹介されている人物は、きわめて珍しいだろう。

「昭和」から「平成」へ

1989年1月、昭和天皇が亡くなり、元号が「平成」に変わる。小渕恵三官房長官が記者会見で新元号を発表する有名な場面は、教科書にも掲載されている。天皇の闘病中から死去後にかけて、行事や広告を「自粛」する動きが広まったこと、また新天皇の大嘗祭をめぐって国民の間に議論

があったことなど、天皇の代替わりが生み出した状況を、教科書は淡々と記述している。平成の不況下に生まれ育った生徒たちは、バブルの栄枯と天皇の交代という印象深い組みあわせを通じて、この時期をひとつの時代の転換点として記憶することになるのだろう。

(三谷)

「平成」の新元号を発表する小渕官房長官

46 平成の時代
歴史教科書に現在はどう書かれているのか

　30年前の教科書には、当然のことながら「平成の時代」のことは記されていない。しかし、現在の教科書には平成になってからの出来事もいろいろと掲載されている。私たちにとっては、ついこの間程度に感じる20年前の出来事であっても、児童・生徒たちにとっては、もはや生まれる前の歴史的時代なのである。かといって、現在進行形の出来事に歴史的な評価を与えることは難しい。いったいどこまでが歴史なのだろうか。

現行の学習指導要領には「平成の時代」はない

　教科書づくりの基本となる学習指導要領には、どこまで最近の出来事を取り上げるべきかということまでは書かれていない。現行の中学校社会科歴史的分野の学習指導要領における内容部分で、もっとも現在に近いところは「高度経済成長、国際社会とのかかわり、冷戦の終結などを通して、我が国の経済が科学技術が急速に発展して国民の生活が向上し、国際社会において我が国の役割が大きくなってきたことを理解させる」で、そこで取り上げるべき事象は「沖縄返還、日中国交正常化、石油危機」しか示されていない。高等学校の日本史A・日本史Bの学習指導要領では、「我が国の再出発及びその後の政治や対外関係の推移」「日本経済の発展と国民生活の変化」を考察させるという抽象的な表現だけで、具体的な事象が例示されているわけではない。沖縄返還・日中国交正常化は1972年（昭和47）、石油危機が1973年、冷戦終結が宣言されたのは1989年（平成元）であるから、平成の時代について何を取り上げるべきかは、ほとんど示されていないといっていい。

　一方で、日本史Aには導入として「私たちの時代と歴史」という特設ペ

ージが設けられていて、現在が近現代の歴史と切り離されたものではなく、現在の社会が歴史的に形成されたものであることを学ぶようになっている。ある教科書は身近な回転寿司を取り上げて、近代以降の食生活の変化を考え、別の教科書はパスポートから国境を越えた人々の移動の歴史的変化を考えている。運動会や日本のポップカルチャーを取り上げているものや、アイヌという導入としてはやや重いテーマを取り上げている教科書もある。

歴史教科書のなかの「平成の時代」

　学習指導要領が内容を明記していない以上は、平成の時代について何を歴史として取り上げるかは、発行者や執筆者にゆだねられている。ある中学校の教科書が本文で取り上げている事象は、1991年のソ連解体、湾岸戦争、バブル崩壊、1992年の自衛隊PKO（国連平和維持活動）派遣、1993年のEU（欧州連合）発足、55年体制の崩壊、1996年のアメリカとの関係強化、2001年のアメリカ同時多発テロとアフガニスタン攻撃、2003年のイラク戦争、2008年の世界金融危機、2009年の民主党政権の成立などである。そして最後は未来に向けての日本の課題や役割、グローバル化が進む中での地球市民意識が求められることなど、抽象的な叙述で終わっている。こうした構成は他の教科書にもみられる。

自衛隊のPKO派遣（半田滋撮影）

その書きぶりは、淡々と事実関係のみを記述しているものもあれば、戦争や自衛隊ＰＫＯ派遣などについては評価にかかわる部分まで記している場合がある。同時多発テロやイラク戦争、自衛隊のＰＫＯ派遣について、直後にはさまざまな書きぶりがあったが、15年くらいたった最近になって、ようやく評価がある程度定まってきたようである。やはり一定の歴史的評価を下すには、15〜20年の年月は必要だということだろう。

　高等学校の日本史教科書の中には、この数十年の政策や動きについて批判や反対の声があることばかりが書かれ、矛盾や問題点、課題の列挙になってしまっている教科書もある。課題意識をもたせることは大切だが、現在の日本は内も外も、政治的にも経済的にも問題が多く、それを克服しなくてはいけないという主張ばかりだと、これからの日本を担う高校生にこんなに多くの課題を背負わせるのは酷だろうと、個人的には思わずにはいられない。叱咤激励も、「愛」のかたちのひとつだと言われてしまえば、それまでだが。

記述をアップデートできる訂正申請制度

　2015年度使用の中学校歴史教科書を見ると、1991年の湾岸戦争までを本文記述で取り上げている教科書もあれば、2011年の東日本大震災や2012年の自民党政権成立まで書いているものもある。巻末年表に2013年

東日本大震災（東松島市提供）

竹島（島根県）

の特定秘密保護法の成立までを載せている教科書もある。同じく高等学校の日本史教科書でも本文には2011年・2012年あたりの出来事が記されている。2015年に使われた中学校の教科書が検定申請されたのは2010年春であるから、その時点で2011年や2012年・2013年の出来事が載っていたわけではない。申請段階においては、本文記述での拉致問題、年表での2009年鳩山内閣発足が最新

安倍晋三首相

の情報だった。2011年以降の記述が加わるかたちで書き直されているのは、訂正申請という制度による。

　教科書検定について定めた「教科用図書検定規則」に「検定済図書の訂正」という章があり、誤記以外にも、「客観的事情の変更」や「更新を行うことが適切な事実の記載」が認められている。教科書検定を経ないこの制度で変更、追加が可能なのは、あくまで「事実の記載」までである。

（髙橋）

コラム 謎もロマンもないけれど

　日本近現代史というのは、思えば謎もロマンも乏しい世界ではある。現状では、教科書が書きかえられる展望を開くレベルのものはない。
　古代史なら、長屋王邸宅跡のように地の底に眠っていることも多い。中世史でも、長期的な気候変動と歴史とを関連づける大胆にして斬新な試みがあり、近世史においては、鎖国や朝幕関係のイメージが現に変わってきている。
　だが、近現代史は「今」と近いだけに事実面の謎は乏しく、事実に対する評価は学問以外の論理がからみやすい。しかし、だから近現代の部分が陳腐でいいはずはない。まだ工夫する余地はあるのではないか。
　たとえば、日露戦争の戦費の多くが外債で賄われたことはどの教科書も触れている。だが、欧米の銀行資本が日本の外債に好意的だった要因のひとつに、ツァーリズムのユダヤ人弾圧があったことまではあまり書いていない。腕のいい執筆者を得れば気の利いたコラムになるだろうし、日露戦争の世界性に生徒が目を向けるきっかけになるかもしれない。
　経済史の部分には必ず、輸出入額の変化その他の表やグラフが掲載されている。それらの内のどれかひとつでもいいから掘り下げれば、一見無味乾燥な数字の羅列がいかに有用かつ雄弁であるかが示せるのではないか。
　天皇機関説事件が政党政治の基盤を掘り崩してしまったことは、どの本でも書いてある。しかし、その理由を詳しく易しく解説してあるものはない。それがあれば、帝国憲法の、条文とはまた別の運用面の特質という、重要だが軽視されがちな問題に生徒が関心を持ってくれるかもしれない。これも然るべき執筆者なら不可能ではあるまい。
　やりたくても学習指導要領や検定の縛りが、というかもしれないが、学習指導要領はこれだけを書けではなく、これだけは最低限書いて下さいという性格のものであるし、検定制度は抑制的に運用されている。教科書の作成は少なくとも伝統的様式をひたすら守る世界ではないはずである。　　　　（村瀬）

日本史教科書 Q&A

回答者　高橋秀樹

※『教科書制度の概要』(文部科学省、2015年)、および関係法令などを参考にして作成しています。

Q1　日本史の教科書は何種類あるのですか？

A1　教科書は正式には「教科用図書」と呼ばれ、「教科書の発行に関する臨時措置法」で「小学校、中学校、高等学校、中等教育学校及びこれらに準ずる学校において、教育課程の構成に応じて組織排列された教科の主たる教材として、教授の用に供せられる児童又は生徒用図書であつて、文部科学大臣の検定を経たもの又は文部科学省が著作の名義を有するもの」と定義されています。

現在の学習指導要領では、小学校6年、中学校社会科歴史的分野、高等学校地理歴史科日本史A・同日本史Bが日本史の学習に相当します。2015年(平成27)度用の教科書は、小学校の社会科4点、中学校の社会科歴史的分野7点、高等学校の日本史A7点、日本史B8点でした。2016年度から使用されている中学校の教科書は1点増えて8点になっています。

今から約30年前の1985年(昭和60)度に使用されていた教科書は、小学校6点、中学校7点でした。中学校教科書の発行者はずいぶん入れ替わっていますが、点数としては現在と余り変わっていません。ところが高等学校の日本史の教科書は19点もありました(まだ日本史Aという種目はない)。多くの発行者が撤退したり、発行点数を減らしたため、現在もその系譜を引く図書で、日本史Bの教科書として使われているのは数点のみです。また、30年前には19点のうち8点を同一発行者が出していたのには驚きます。

Q2　教科書検定のしくみはどうなっているのですか？

A2　教科書検定とは、民間で著作・編集された図書について、文部科学大臣が教科書として適切か否かを審査し、これに合格したものを教科書として使用することを認めることです。戦前にも一時期検定制度が採用されたことがあり

ましたが、1947年（昭和22）に制定された「学校教育法」で、「小学校において
は、文部大臣の検定を経た教科用図書又は文部省が著作の名義を有する教科用
図書を使用しなければならない」と定められ、中学校・高等学校などでもこれ
を準用すると規定されたことによって、現在につながる教科書検定制度が始ま
りました。

　原則として、小学校、中学校、高等学校、高等学校のサイクルで毎年検定が
行われています。たとえば、2009年（平成21）度は小学校教科書、2010年度は
中学校教科書、2011年度は高等学校教科書（主として低学年用）、2012年度は高
等学校教科書（主として中学年用）の検定が行われました。次の2013年度は再び
小学校教科書検定の年ということになります。そして、2013年度に検定が行わ
れた教科書は、翌2014年度に各地で採択が行われ、2015年度から使用が開始さ
れます。

　検定の受付は官報で告示され、教科書発行者は所定の期間内に、申請書類や
申請図書を文部科学省に提出します。申請を受けた文部科学大臣は、諮問機関
である教科用図書検定調査審議会に、教科書として適切であるかどうかを諮問
し、審議会での専門的・学術的な審議を経て答申が行われると、文部科学大臣
はこの答申に基づいて検定を行います。

　教科書として適切であるかどうかは、教科用図書検定基準に基づいて審査さ
れます。2014年度の中学校検定で使われた義務教育諸学校教科用図書検定基準
（抄）を本書に付録として掲載しました（223ページ）。教科用図書検定基準は、
主として、学習指導要領に沿っているか、取り上げる題材の選択・扱いが公正
か、誤りや誤解するおそれはないかという三つの観点から構成されています。

　具体的な検定の手順は次のようになります。

　まず、申請図書（申請者を特定するような書名や発行者名が入っていないので
「白表紙本」と通称される）を文部科学省の常勤職員である教科書調査官や非常勤
職員として任命された審議会委員・専門委員が調査します。教科書調査官が調
査意見書を作成し、これが原案として審議会に上程されます。審議会は、第2
部会が社会科・地理歴史科・公民科の部会で、その下に高等学校だと日本史小
委員会、中学校だと歴史小委員会、小学校だと小学校小委員会があり、最初に
それらの小委員会で審議が行われることになります。小委員会での判定案は、

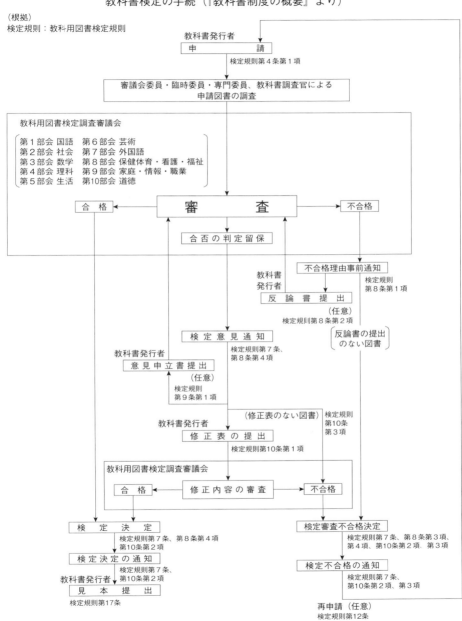

小委員会から部会に上程され、そこで合格・不合格・合否の判定留保のいずれかの判定が行われます。実際には「合否の判定留保」という判定がほとんどです。第2部会の場合、2014年度までの最近の20年を見てみると、この時点での合格はなく、不合格は中学校社会科歴史的分野で3例があるだけです。不合格となるのは、教科書の基本的な構成に重大な欠陥があって適切性を欠く場合や、検定意見が所定の数を上回った場合です。

「合否の判定留保」になると、申請者に対して検定意見通知が行われ、申請者はその検定意見を踏まえた修正表を検定意見通知の翌日から35日以内に提出します（その後一定期間内は修正表を変更することができる）。なお、申請者は検定意見に不服があれば、意見申立書を提出することができます。修正表が提出されると、再度、教科用図書検定調査審議会が開かれ、その修正内容の審査が行われて、ここで合格・不合格の判定が出されます。現行制度の下、第2部会では、数年前に修正表を提出せずに不合格となった事例が3点（1申請者）ありますが、審査を経てここで不合格になった例はありません。合格した図書は文部科学大臣によって検定決定され、申請者に検定決定の通知が行われることになります。

　最初の審議会で不合格判定が出た場合は、不合格理由事前通知が行われ、反論書の提出がなければ、検定審査不合格が決定され、それが通知されます。しかし、申請者は再申請ができますので、再申請が行われた場合は、上記の検定手続きを再度とることになるわけです。これまで不合格となった3点の中学校社会科歴史的分野の申請図書は、その年度内に再申請が行われ、検定合格となりました。なお、2016年2月の検定規則実施細則の改定で、重大な欠陥の見られる図書や、欠陥箇所が著しく多い図書は年度内再申請ができなくなりました。

Q3　教科書は毎年書き変わっているって本当ですか？

A3　本当です。教科書検定は4年に一度のサイクルですが、発行者は随時訂正申請ができることになっています。誤記、客観的事情の変更、学習上の支障がその訂正理由となりますが、実際には、新たに起きた出来事を付け加えるものや、統計の更新、誤記の訂正のほかにも、文章の改善、はたまたルビ位置やルビの割り方、フォントの変更なども含まれています。数の上ではこうした編

集上の改善のケースが多く、採択に供される見本本をつくる前の訂正でに、500か所近くに及ぶ場合もあります。実はこの訂正申請、シェアーが高い教科書ほど多い傾向にあるのです。多くの人の目に触れることで、間違いや改善点が見つかるということでしょう。

Q4 個人でも教科書が作れるって本当ですか？

A4　これも本当です。義務教育用の教科書は、安定的に発行する必要があることから、1963年（昭和38）度以降、発行者の指定制度がとられていて、資本・資産の額、編集担当者の人数などの制約がありますが、高等学校用の教科書はその限りではありません。実際に高等学校の工業科では個人発行の教科書が作られ、使用されています。

Q5 教科書調査官とはどういう人たちですか？

A5　教科書調査官は、文部科学省初等中等教育局に所属する常勤職員です。「文部科学省組織規則」では「教科書調査官は、命を受けて、検定申請のあった教科用図書の調査に当たる」とされています。この教科書調査官のことを「検定官」と呼ぶ人がいますが、調査官の職務は検定のための調査であり、検定そのものではありませんので、間違いです。教科書調査官は行政職の国家公務員ですが、一般的な国家公務員試験を受けて採用されるわけではありません。「担当教科について、大学の教授又は准教授の経歴がある者又はこれらに準ずる高度に専門的な学識及び経験を有すると認められる者」「現に発行されている教科用図書及びその教師用指導書の著作、編集に従事していない者、その他教科書の発行者と密接な関係のない者」などの選考基準で選ばれています。

現在、社会科（地理歴史科・公民科）の教科書調査官は16名おり、うち日本史担当は4名です。それぞれ前職は大学教員、大学附置研究所や大学史編纂室の研究員で、学界でも評価されている著書や論文を発表している研究者です。大学や大学院の非常勤講師として現在も教壇に立っており、大学教員として転出する者も少なくありません。世の中には、一流の学者が書いた教科書に文部科学省の役人が文句をつけているというイメージを持っている方がいるかもしれませんが、制度的にも、実態としてもそれはちょっと違います。

教科書制度改善の一環として、文部科学省のウェブサイトで、選考方法や教科書調査官一覧が公表され、任命に際しては報道発表も行われています。
　よく「教科調査官」と間違われることがありますが、教科調査官は初等中等教育局教育課程課に置かれているポストで、主に国立教育政策研究所に所属する職員が兼任しています。その職務は、学習指導要領の作成や教育課程に関する専門的・技術的な指導を行うことなどです。

Q6　検定は密室で行われているのですか？

A6　教科用図書検定調査審議会は、政策提言型の中央教育審議会などと異なり、行政処分に関わる審議会ですので、静謐な環境を保つため、原則として非公開で行われていますが、検定の透明性を高めるため、検定結果公表後、審議の概要を示した議事要旨を公開しています。また、検定申請された図書と検定決定後の図書、教科書調査官が作成した調査意見書、審議会の意見を踏まえた検定意見書、申請者が作成した修正表などの関係書類については、検定結果公表後、全国数か所の公開会場や、国立教育政策研究所教育図書館・公益財団法人教科書研究センターで公開されています。文部科学省のウェブサイトでも各教科の検定結果、歴史関係種目の検定意見書などの情報を公開しており、2015年（平成27）度からは全教科の検定意見書が公開されることになりました。また、教科書検定に携わっている審議会の委員や教科書調査官の名簿も公表されています。

　かつての検定制度は、新規検定と改訂検定の別があり、原稿本審査と内閲本審査、見本本審査の3段階に分かれていたり、修正意見と改善意見の2種類の意見があるなど複雑でした。また、検定意見が文書化される以前は、教科書調査官が口頭で意見を申請者に伝えていました。しかし、その後の改善によって、現在の制度は一元化された簡素なものになっています。申請者に対する検定意見通知も、検定意見書などの文書によって行われています。検定意見通知の際、書面ではわかりにくい点がある場合は、申請者の求めに応じて、教科書調査官が検定意見の趣旨を口頭で補足説明しています。

　社会科・地理歴史科の検定意見の大半が教科書調査官が作成した調査意見書のままであるという批判もあるようです。しかし、日本史分野の研究者で、「高

度に専門的な学識及び経験を有する」とされる常勤職員の教科書調査官が作成し、原案として上程した調査意見書の、たとえば半分の調査意見が検定調査審議会で却下されたり、調査意見と同数の検定意見が付け加えられるようなら、教科書調査官の職務としてどう思われるでしょうか。

Q7 教科書はどうやって選ばれるのですか？

A7 　学校で使用する教科書を決定することを教科書の採択といいます。使用される教科書を採択する権限は、公立学校の場合は、その学校を設置する市町村や都道府県の教育委員会に、国・私立学校の場合は、校長にあります。

　義務教育学校で使用される教科書の採択方法は法律で決められています。発行者から次年度使用分として届け出のあった教科書を一覧表にまとめた教科書目録を文部科学大臣が作成し、教育委員会や各学校に送付します。また、発行者は採択の参考とするために見本本を教育委員会や各学校に送付します。都道府県教育委員会は教科用図書選定審議会を設置し、採択対象となる教科書について調査・研究して、採択権者に指導・助言・援助をすることになっています。採択権者は都道府県の選定資料を参考にするほか、独自に調査・研究した上で、1種目につき1種類の教科書を採択します。各市町村ごとに採択するほかに、複数の市町村を併せた共同採択区を設定し、地区内の市町村教育委員会の協議によって同一の教科書を採択する地域もあります。採択は使用年度の前年8月31日までに行うこととされています。通常は、4年間同一の教科書を採択することになります。

　高等学校の教科書の採択については法令上の定めはありませんが、各学校の実態に即して、公立高等学校では所管の教育委員会が採択を行っています。

　2015年までの制度では、4年ごとに検定申請して合格しなくても、学習指導要領が変わっていなければ、前回検定を通過した教科書を教科書目録に載せて、採択対象とすることは可能でしたが、2016年度からは、検定基準が改定された場合などには検定申請しなくてはならなくなりました。

Q8 教科書って無料なんですか？

A8 　教科書には定価があります。2015年（平成27）度使用教科書1冊あたり

の平均定価は、小学校用で404円、中学校用で533円、高等学校用で823円です。この定価は、種目別・学年別に文部科学省が最高額を定め、その範囲内で文部科学大臣が認可したものです。

　ただし、日本国憲法第26条が定める「義務教育は、これを無償とする」の精神を実現するものとして、「義務教育諸学校の教科用図書の無償に関する法律」「義務教育諸学校の教科用図書の無償措置に関する法律」が施行され、1969年（昭和44）度に小中学校全学年の無償給与が実現されました。2015年度では1010万人分、412億円が税金でまかなわれています。2007年度から教科書の裏表紙等に「この教科書は、これからの日本を担う皆さんへの期待をこめ、税金によって無償で支給されています。大切に使いましょう」という無償給与制度の意義が掲載されるようになりました。

　現在、高等学校に関しては、教科書の無償給与制度はとられていません。高等学校等における教育の経済的負担を軽減するために、一定の条件の下で授業料に充てるための就学支援金を支給する制度があり、さらに就学困難な高校生に対しては奨学給付金が支給されて教科書費用がまかなわれる場合もあります。

Q9　なぜ教科書は普通の書店で売っていないのですか？

A9　教科書を取り扱っている一般書店は全国に3100か所あります（2015年4月現在）。教科書を供給する義務を負うのは発行者ですが、発行者自身が各学校まで届けることは不可能ですから、実際には、都道府県ごとにほぼ1か所ずつある「教科書・一般書籍供給会社」と、各地の教科書取扱書店を通じて供給が行われています。

　教科書が採択されると、必要となる教科書の見込み数が市町村教育委員会や各学校から都道府県教育委員会に報告され、さらに文部科学大臣に報告されます。文部科学大臣はそれを集計し、発行者に対して発行すべき教科書の種類と部数を指示します。指示を受けた発行者は、教科書を発行し、各学校に供給する義務を負うことになります。発行者は「教科書・一般書籍供給会社」などの業者と教科書供給契約を結んで、供給を行っています。

　ただし、文部科学大臣が指示した部数のほかに、過不足を調整したり、児童・生徒の転入や災害などに備えるための一定数が「教科書・一般書籍供給会

社」などに常備されています。最近では、教科書に対する国民の関心が高まっていることもあり、大都市を中心に教科書を常備する書店も増えてきました。「教科書・一般書籍供給会社」のウェブサイトなどを通じて、一般の方々が入手できるような体制も整えられつつあります。

Q10　良い教科書とはどういう教科書ですか？

A10　教科書として発行され、使用されている図書は、すべて一定の基準を満たしています。その上で、どれが好きか嫌いかは、それぞれの立場や見方で異なるでしょう。教育現場で使いやすい教科書、受験に有利な教科書など、さまざまな観点がありますし、新しい説や視点を積極的に取り入れている教科書もあれば、オーソドックスな定番に徹している教科書もあります。

　良い教科書かどうかを評価するのは採択にかかわる方々の仕事です。また、より良い教科書づくりをめざすのは、発行者や執筆者の仕事です。それに対して、検定に携わる審議会や教科書調査官の仕事は、検定を通じ、申請された図書を教科書として適切なレベルまでもって行くことだと言えるでしょう。レフェリーの立場にある審議会委員が、自身の「良い教科書」「好きな教科書」観を押しつけることになったら、それは行政処分として適切なものとは言えません。行政処分としての教科書検定は抑制的であるべきだというのが、教科書に携わる多くの人々の共通認識でしょう。

　日本史関連の教科書は小学校4点、中学校や高等学校の日本史A・日本史Bそれぞれ7～8点が使用されています。いずれも検定を通じて、教科書としての質は保たれているものです。しかし、実際に使用されている数は教科書ごとに大きく異なっています。たとえば2015年（平成27）度使用の教科書の需要数を例にとると、小学校でもっとも占有率の高いものに53.8％（約61万冊）なのに対して、最も低いものは0.6％（約6600冊）に過ぎません。高等学校日本史Bではトップシェアーが63.6％（約34万冊）、8点のうち上位2点で77.4％を占めます。最も低いものは0.8％（約4300冊）、第7位は1.5％です。2016年度使用の中学校社会科歴史的分野でも、半数以上の生徒が使っている需要数約60万冊の教科書から560冊あまりの教科書まで、さまざまな教科書があります。

付録1　中学校学習指導要領　社会科〔歴史的分野〕（平成19年度）

1　目　標

（1）歴史的事象に対する関心を高め，我が国の歴史の大きな流れを，世界の歴史を背景に，各時代の特色を踏まえて理解させ，それを通して我が国の伝統と文化の特色を広い視野に立って考えさせるとともに，我が国の歴史に対する愛情を深め，国民としての自覚を育てる。

（2）国家・社会及び文化の発展や人々の生活の向上に尽くした歴史上の人物と現在に伝わる文化遺産を，その時代や地域との関連において理解させ，尊重する態度を育てる。

（3）歴史に見られる国際関係や文化交流のあらましを理解させ，我が国と諸外国の歴史や文化が相互に深くかかわっていることを考えさせるとともに，他民族の文化，生活などに関心をもたせ，国際協調の精神を養う。

（4）身近な地域の歴史や具体的な事象の学習を通して歴史に対する興味・関心を高め，様々な資料を活用して歴史的事象を多面的・多角的に考察し公正に判断するとともに適切に表現する能力と態度を育てる。

2　内　容

（1）歴史のとらえ方

　ア　我が国の歴史上の人物や出来事などについて調べたり考えたりするなどの活動を通して，時代の区分やその移り変わりに気付かせ，歴史を学ぶ意欲を高めるとともに，年代の表し方や時代区分についての基本的な内容を理解させる。

　イ　身近な地域の歴史を調べる活動を通して，地域への関心を高め，地域の具体的な事柄とのかかわりの中で我が国の歴史を理解させるとともに，受け継がれてきた伝統や文化への関心を高め，歴史の学び方を身に付けさせる。

　ウ　学習した内容を活用してその時代を大観し表現する活動を通して，各時代の特色をとらえさせる。

（2）古代までの日本

ア　世界の古代文明や宗教のおこり，日本列島における農耕の広まりと生活の変化や当時の人々の信仰，大和朝廷による統一と東アジアとのかかわりなどを通して，世界の各地で文明が築かれ，東アジアの文明の影響を受けながら我が国で国家が形成されていったことを理解させる。
　　イ　律令国家の確立に至るまでの過程，摂関政治などを通して，大陸の文物や制度を積極的に取り入れながら国家の仕組みが整えられ，その後，天皇や貴族の政治が展開したことを理解させる。
　　ウ　仏教の伝来とその影響，仮名文字の成立などを通して，国際的な要素をもった文化が栄え，後に文化の国風化が進んだことを理解させる。
（3）　中世の日本
　　ア　鎌倉幕府の成立，南北朝の争乱と室町幕府，東アジアの国際関係，応仁の乱後の社会的な変動などを通して，武家政治の特色を考えさせ，武士が台頭して武家政権が成立し，その支配が次第に全国に広まるとともに，東アジア世界との密接なかかわりがみられたことを理解させる。
　　イ　農業など諸産業の発達，畿内を中心とした都市や農村における自治的な仕組みの成立，禅宗の文化的な影響などを通して，武家政治の展開や民衆の成長を背景とした社会や文化が生まれたことを理解させる。
（4）　近世の日本
　　ア　戦国の動乱，ヨーロッパ人来航の背景とその影響，織田・豊臣による統一事業とその当時の対外関係，武将や豪商などの生活文化の展開などを通して，近世社会の基礎がつくられていったことを理解させる。
　　イ　江戸幕府の成立と大名統制，鎖国政策，身分制度の確立及び農村の様子，鎖国下の対外関係などを通して，江戸幕府の政治の特色を考えさせ，幕府と藩による支配が確立したことを理解させる。
　　ウ　産業や交通の発達，教育の普及と文化の広がりなどを通して，町人文化が都市を中心に形成されたことや，各地方の生活文化が生まれたことを理解させる。
　　エ　社会の変動や欧米諸国の接近，幕府の政治改革，新しい学問・思想の動きなどを通して，幕府の政治が次第に行き詰まりをみせたことを理解させる。

(5) 近代の日本と世界
　ア　欧米諸国における市民革命や産業革命，アジア諸国の動きなどを通して，欧米諸国が近代社会を成立させてアジアへ進出したことを理解させる。
　イ　開国とその影響，富国強兵・殖産興業政策，文明開化などを通して，新政府による改革の特色を考えさせ，明治維新によって近代国家の基礎が整えられて，人々の生活が大きく変化したことを理解させる。
　ウ　自由民権運動，大日本帝国憲法の制定，日清(にっしん)・日露戦争，条約改正などを通して，立憲制の国家が成立して議会政治が始まるとともに，我が国の国際的地位が向上したことを理解させる。
　エ　我が国の産業革命，この時期の国民生活の変化，学問・教育・科学・芸術の発展などを通して，我が国で近代産業が発展し，近代文化が形成されたことを理解させる。
　オ　第一次世界大戦の背景とその影響，民族運動の高まりと国際協調の動き，我が国の国民の政治的自覚の高まりと文化の大衆化などを通して，第一次世界大戦前後の国際情勢及び我が国の動きと，大戦後に国際平和への努力がなされたことを理解させる。
　カ　経済の世界的な混乱と社会問題の発生，昭和初期から第二次世界大戦の終結までの我が国の政治・外交の動き，中国などアジア諸国との関係，欧米諸国の動き，戦時下の国民の生活などを通して，軍部の台頭から戦争までの経過と，大戦が人類全体に惨禍を及ぼしたことを理解させる。
(6) 現代の日本と世界
　ア　冷戦，我が国の民主化と再建の過程，国際社会への復帰などを通して，第二次世界大戦後の諸改革の特色を考えさせ，世界の動きの中で新しい日本の建設が進められたことを理解させる。
　イ　高度経済成長，国際社会とのかかわり，冷戦の終結などを通して，我が国の経済や科学技術が急速に発展して国民の生活が向上し，国際社会において我が国の役割が大きくなってきたことを理解させる。

3 内容の取扱い
(1) 内容の取扱いについては，次の事項に配慮するものとする。
　ア　生徒の発達の段階を考慮して，各時代の特色や時代の転換にかかわる基礎的・基本的な歴史的事象を重点的に選んで指導内容を構成すること。
　イ　歴史的事象の意味・意義や特色，事象間の関連を説明したり，課題を設けて追究したり，意見交換したりするなどの学習を重視して，思考力，判断力，表現力等を養うとともに，学習内容の確かな理解と定着を図ること。
　ウ　各時代の文化については，代表的な事例を取り上げてその特色を考えさせるようにすること。
　エ　歴史的事象の指導に当たっては，地理的分野との連携を踏まえ，地理的条件にも着目して取り扱うよう工夫するとともに，公民的分野との関連にも配慮すること。
　オ　国家・社会及び文化の発展や人々の生活の向上に尽くした歴史上の人物に対する生徒の興味・関心を育てる指導に努めるとともに，それぞれの人物が果たした役割や生き方などについて時代的背景と関連付けて考察させるようにすること。その際，身近な地域の歴史上の人物を取り上げることにも留意すること。
　カ　日本人の生活や生活に根ざした文化については，政治の動き，社会の動き，各地域の地理的条件，身近な地域の歴史とも関連付けて指導したり，民俗学や考古学などの成果の活用や博物館，郷土資料館などの施設を見学・調査したりするなどして具体的に学ぶことができるようにすること。
(2) 内容の(1)については，次のとおり取り扱うものとする。
　ア　アについては，中学校の歴史学習の導入として実施することを原則とすること。小学校での学習を踏まえ，扱う内容や活動の仕方を工夫して，「時代の区分やその移り変わり」に気付かせるようにすること。「年代の表し方や時代区分」の学習については，導入における学習内容を基盤にし，内容の(2)以下とかかわらせて継続的・計画的に進めること。
　イ　イについては，内容の(2)以下とかかわらせて計画的に実施し，地域の特性に応じた時代を取り上げるようにするとともに，人々の生活や生活

に根ざした伝統や文化に着目した取扱いを工夫すること。その際，博物館，郷土資料館などの施設の活用や地域の人々の協力も考慮すること。
　　ウ　ウについては，内容の（２）以下の各時代の学習のまとめとして実施することを原則とすること。その際，各時代の学習の初めにその特色の究明に向けた課題意識を育成した上で，他の時代との共通点や相違点に着目しながら，大観や表現の仕方を工夫して，各時代の特色をとらえさせるようにすること。
　　エ　ア，イ及びウについては，適切かつ十分な授業時数を配当すること。
（３）　内容の（２）については，次のとおり取り扱うものとする。
　　ア　アの「世界の古代文明」については，中国の文明を中心に諸文明の特色を取り扱い，生活技術の発達，文字の使用，国家のおこりと発展などの共通する特色に気付かせるようにすること。また，人類の出現にも触れること。「宗教のおこり」については，仏教，キリスト教，イスラム教などを取り上げ，世界の文明地域との重なりに気付かせるようにすること。「日本列島における農耕の広まりと生活の変化」については，狩猟・採集を行っていた人々の生活が農耕の広まりとともに変化していったことに気付かせるようにすること。「大和朝廷による統一と東アジアとのかかわり」については，古墳の広まりにも触れるとともに，大陸から移住してきた人々の我が国の社会に果たした役割に気付かせるようにすること。
　　イ　イの「律令国家の確立に至るまでの過程」については，聖徳太子の政治，大化の改新から律令国家の確立に至るまでの過程を，小学校での学習内容を活用して大きくとらえさせるようにすること。
　　ウ　ウについては，文化を担った人々などに着目して取り扱うようにすること。
　　エ　考古学などの成果を活用するとともに，神話・伝承などの学習を通して，当時の人々の信仰やものの見方などに気付かせるよう留意すること。
（４）　内容の（３）については，次のとおり取り扱うものとする。
　　ア　アの「東アジアの国際関係」については，元寇，日明貿易，琉球の国際的な役割などを取り扱うようにすること。「武家政治の特色」については，主従の結び付きや武力を背景にして次第にその支配を広げていったこ

となど，それ以前の時代との違いに着目して考えさせるようにすること。
　　イ　イの「武家政治の展開や民衆の成長を背景とした社会や文化」については，この時代の文化の中に現在に結び付くものがみられることに気付かせるようにすること。
（5）　内容の（4）については，次のとおり取り扱うものとする。
　　ア　アの「ヨーロッパ人来航の背景」については，新航路の開拓を中心に取り扱い，宗教改革についても触れること。「織田<small>おだ</small>・豊臣<small>とよとみ</small>による統一事業」については，検地・刀狩などの政策を取り扱うようにすること。
　　イ　イの「鎖国下の対外関係」については，オランダ，中国との交易のほか，朝鮮との交流や琉球<small>りゅうきゅう</small>の役割，北方との交易をしていたアイヌについて取り扱うようにすること。「江戸幕府の政治の特色」については，その支配の下に大きな戦乱のない時期を迎えたことなど，それ以前の時代との違いに着目して考えさせるようにすること。
　　ウ　ウの「産業や交通の発達」については，身近な地域の特色を生かすようにすること。「各地方の生活文化」については，身近な地域の事例を取り上げるように配慮し，藩校や寺子屋などによる「教育の普及」や社会的な「文化の広がり」と関連させて，現在との結び付きに気付かせるようにすること。
　　エ　エの「幕府の政治改革」については，百姓一揆<small>いっき</small>などに結び付く農村の変化や商業の発達などへの対応という観点から，代表的な事例を取り上げるようにすること。
（6）　内容の（5）については，次のとおり取り扱うものとする。
　　ア　アの「市民革命」については欧米諸国における近代社会の成立という観点から，「産業革命」については工業化による社会の変化という観点から，「アジア諸国の動き」については欧米諸国の進出に対するアジア諸国の対応と変容という観点から，それぞれ代表的な事例を取り上げるようにすること。
　　イ　イの「開国とその影響」については，アの欧米諸国のアジア進出と関連付けて取り扱うようにすること。「富国強兵・殖産興業政策」については，この政策の下に新政府が行った，廃藩置県，学制・兵制・税制の改革，身

分制度の廃止，領土の画定などを取り扱うようにすること。「新政府による改革の特色」については，欧米諸国とのかかわりや社会の近代化など，それ以前の時代との違いに着目して考えさせるようにすること。「明治維新」については，複雑な国際情勢の中で独立を保ち，近代国家を形成していった政府や人々の努力に気付かせるようにすること。
- ウ　ウの「日清（にっしん）・日露戦争」については，このころの大陸との関係に着目させること。「条約改正」については，欧米諸国と対等の外交関係を樹立するための人々の努力に気付かせるようにすること。「立憲制の国家が成立して議会政治が始まる」については，その歴史上の意義や現代の政治とのつながりに気付かせるようにすること。
- エ　エの「我が国の産業革命」については，イの「富国強兵・殖産興業政策」の下で近代産業が進展したことと関連させて取り扱い，都市や農山漁村の生活に大きな変化が生じたことに気付かせるようにすること。「近代文化」については，伝統的な文化の上に欧米文化を受容して形成されたものであることに気付かせるようにすること。
- オ　オの「第一次世界大戦」については，日本の参戦，ロシア革命なども取り上げて，世界の動きと我が国との関連に着目して取り扱うようにすること。「我が国の国民の政治的自覚の高まり」については，大正デモクラシーの時期の政党政治の発達，民主主義思想の普及，社会運動の展開を取り扱うようにすること。
- カ　カについては，世界の動きと我が国との関連に着目して取り扱うとともに，国際協調と国際平和の実現に努めることが大切であることに気付かせるようにすること。

（7）内容の（6）については，次のとおり取り扱うものとする。
- ア　アについては，国民が苦難を乗り越えて新しい日本の建設に努力したことに気付かせるようにすること。「第二次世界大戦後の諸改革の特色」については，新たな制度が生まれたことなどに着目して考えさせるようにすること。
- イ　イについては，沖縄返還，日中国交正常化，石油危機などの節目となる歴史的事象を取り扱うようにすること。

付録2　中学校学習指導要領　社会科〔歴史的分野〕（昭和44年度）

1　目　標

（1）　世界の歴史を背景に，広い視野に立って日本の歴史を理解させ，それを通してわが国の伝統と文化の特色を考えさせるとともに，国民としての心情と現在および未来に生きる日本人としての自覚を育てる。

（2）　歴史における各時代の特色を明らかにし，時代の移り変わりを総合的に理解させるとともに，それぞれの時代のもつ歴史的意義と各時代が今日の社会生活に及ぼしている影響を考えさせる。

（3）　国家・社会および文化の発展や人々の生活の向上に尽くした先人の業績と，現在に伝わる文化遺産を，その時代との関連において理解させて，それらを愛護し尊重する態度を養う。

（4）　歴史にみられる国際関係や文化交流のあらましを理解させるとともに，歴史上のわが国の位置を考えさせ，他民族の文化，伝統などについても関心をもたせて国際協調の精神を養う。

（5）　歴史の事実を正確に把握し，諸事象を歴史的に考察し公正に判断しようとする態度と能力を育てる。また，年表，地図その他の資料に親しみ，それらを活用する能力の基礎をつちかう。

2　内　容

（1）　文明のおこり

　　オリエントの古代文明，インド・中国の古代文明などの学習を通して，人類の発展に触れ，また，四大河文明が類似した様相を示しながらも，それぞれの地理的条件などによって独自の発展をみせていることに気づかせる。

　ア　オリエントの古代文明

　　　民族，風土などにも触れながら，エジプト文明，メソポタミア文明の特色を理解させる。

　イ　インド・中国の古代文明

　　　民族，風土などにも触れながら，インド・中国の古代文明の特色を理解させる。

（２） 古代日本の形成とアジア

　　日本の国土と民族，縄文文化，弥生文化，大和朝廷と古墳文化，帰化人の役割などの学習を通して，人々の生活が農耕を中心に発展し，やがてアジアの形勢とも関連をもちながら，しだいに古代の日本が形成されていったことを理解させる。

　ア　日本の国土と民族

　　アジアにおける日本列島の地理的条件を明らかにするとともに，人々が，早くからこの国土の中で生活を営んでいたことを理解させる。

　イ　縄文文化・弥生文化

　　それぞれの文化の特色を考えさせるとともに，農耕を中心とする社会生活の発展の意義を理解させる。

　ウ　大和朝廷と古墳文化

　　はじめ群小勢力の分立状態にあった社会が，しだいに大和朝廷によって統一されていったことを理解させるとともに，古墳文化の特色を理解させ，当時の人々の生活の様子を考えさせる。

　エ　帰化人の役割

　　中国や朝鮮の動きに触れながら，帰化人が儒教，仏教，技術などの大陸文化の伝来に果たした役割を考えさせるとともに，それによって日本の文化や社会生活が，急速に発展していったことを理解させる。

（３） 古代日本の進展とアジア

　　アジアの形勢，聖徳太子と飛鳥文化，大化の改新と律令制，奈良の都と天平文化，遣唐使の派遣などの学習を通して，広く当時のアジアの形勢のあらましを理解させるとともに，当時の人々が隋・唐の文物制度を自主的に摂取して，国家を築いていったことを考えさせる。

　ア　アジアの形勢

　　隋・唐を中心に当時のアジアの様子のあらましを理解させる。その際，唐文化のもつ国際的な性格に着目させる。

　イ　聖徳太子と飛鳥文化

　　当時のわが国の内外の事情に触れながら，聖徳太子の政治理想やその業績を理解させるとともに，飛鳥文化の特色を考えさせる。

ウ　大化の改新と律令制

　　　　律令制定の意義に触れながら，国家の基礎がしだいに築かれていったことを理解させる。

　　エ　奈良の都と天平文化

　　　　奈良の都の様子や，律令政治の地方への浸透を理解させるとともに，天平文化の特色を考えさせる。

　　オ　遣唐使の派遣

　　　　日本と中国との国際関係に触れながら，遣唐使派遣の意義を考えさせるとともに，留学者などの払った努力や苦心を理解させる。

（4）　古代日本の推移

　　平安の都と仏教の改革，摂関政治，武士のおこり，国風文化などの学習を通して，律令政治の再建を経て摂関政治に及び，さらに院政へと推移していったあらましを理解させる。

　　ア　平安の都と仏教の改革

　　　　人心の一新や律令政治の再建を目ざして京都に都が移されたことを理解させるとともに，仏教の改革や唐風文化にも触れる。

　　イ　摂関政治

　　　　藤原氏を中心とする摂関政治のありさまと，それがやがて院政へと推移していったあらましを，荘園(しょうえん)の発達にも触れて理解させる。

　　ウ　武士のおこり

　　　　律令政治の乱れに伴って武士がおこり，しだいに力を強めていったことを理解させるとともに，平治の乱以後の平氏の政治にも触れる。

　　エ　国風文化

　　　　公家社会の爛熟(らんじゅく)や遣唐使の停止などもあって国風文化が栄えたことや，国風文化の特色を考えさせるとともに，それが後の日本の文化の基礎になったことに気づかせる。

（5）　武家政治の成立

　　鎌倉(かまくら)幕府の政治，武士の生活，鎌倉時代の文化，蒙古(もうこ)襲来などの学習を通して，鎌倉幕府が成立し，しだいに武家政治が公家政治に代わって発展していったことを理解させる。

ア　鎌倉幕府の政治

　　　平氏が滅び鎌倉幕府が開かれたことを理解させるとともに，武家と公家の二元的な政治が行なわれながら，しだいに武家政治が強化されていったことに着目させる。

　　イ　武士の生活

　　　武士が農村に土着して農業の経営にもあたり，質実剛健の生活を営んでいたことに関心をもたせる。

　　ウ　鎌倉時代の文化

　　　平安末期の社会の様子や日本と宋（そう）との文化の交流にも触れながら，新仏教の興隆を理解させるとともに，鎌倉時代の文化の特色を考えさせる。

　　エ　蒙古襲来

　　　大陸における蒙古民族の活動に触れながら，蒙古襲来のありさまを理解させるとともに，それがその後の幕府政治に及ぼした影響を考えさせる。

（6）　武家政治の推移

　　建武の新政，室町幕府の政治，日明（にちみん）貿易，農村と都市，室町時代の文化，群雄の割拠などの学習を通して，建武の新政から室町幕府の滅亡までの時代の推移のあらましを理解させる。

　　ア　建武の新政

　　　鎌倉幕府の統制の乱れや社会の変動を背景にして，建武の新政が行なわれたことを理解させる。

　　イ　室町幕府の政治

　　　南北朝の争乱に触れるとともに，室町幕府の性格や幕府政治のありさまを理解させる。

　　ウ　日明貿易

　　　勘合（かんごう）貿易や日本人の海外発展に触れて，日明貿易のありさまを理解させるとともに，それが日本に及ぼした影響を考えさせる。

　　エ　農村と都市

　　　鎌倉時代からの農業の発達，農民の生活の向上と新しい村づくりに着目させるとともに，守護大名の強化や土一揆（いっき）などによって室町幕府が動揺し，やがて応仁（おうにん）の乱が起こったことを理解させる。また，港町・門前町な

どの都市の形成や，都市における町衆の自治的な活動にも着目させる。
　オ　室町時代の文化
　　東山文化を中心に室町時代の文化の特色を理解させるとともに，都の文化が地方に普及していったことや，文化の庶民化に気づかせる。
　カ　群雄の割拠
　　各地の戦国大名がしだいに実力をもつようになり，競って領国政治の集権化や産業の開発に努めたことなどを理解させるとともに，社会的にも新しい胎動のあったことに着目させる。
（7）　ヨーロッパ世界の形成
　ヨーロッパの形成，イスラム世界との交渉，ヨーロッパ人の海外発展などの学習を通して，ヨーロッパ世界のなりたちや東西交渉のあらましに触れ，世界の各地がしだいに結びついていったことを理解させる。
　ア　ヨーロッパの形成
　　ギリシア文化・ローマ文化に触れ，それがキリスト教文化とともに，やがてヨーロッパ世界の基盤になったことを理解させる。
　イ　イスラム世界との交渉
　　ヨーロッパ世界とイスラム世界との交渉のあらましを，イスラム世界の風土や発展に触れながら理解させる。
　ウ　ヨーロッパ人の海外発展
　　ルネサンス，宗教改革に触れ，新航路が発見されたころからヨーロッパ人が海外に発展していったことを理解させる。なお，その後のオランダ・イギリスの発展にも気づかせる。
（8）　天下統一の歩み
　ヨーロッパ人の来航，織田・豊臣の統一事業，桃山文化などの学習を通して，日本人がはじめてヨーロッパ文明に触れた事情を考えさせるとともに，戦国の世が織田・豊臣の両氏によって統一されていったことを理解させる。
　ア　ヨーロッパ人の来航
　　鉄砲やキリスト教の伝来が，日本の政治，社会，文化などに大きな影響を及ぼしたことを理解させる。
　イ　織田・豊臣の統一事業

織田信長，豊臣秀吉によって，集権的な武家政治が確立していったありさまを理解させるとともに，躍動的なこの時代のもつ歴史的意義を考えさせる。
　ウ　桃山文化
　　　南蛮（なんばん）文化などの受容にも触れながら，当時の時代的背景の中で武将や町衆によって，前代の文化を継承しつつ新しく創造された桃山文化の特色を考えさせる。
（9）　幕藩体制の確立
　　江戸幕府の成立，日本人の海外発展と鎖国，武士の社会と生活などの学習を通して，江戸幕府の成立前後にかけて日本人の海外発展がめざましかったことや，その後鎖国の実施や国内体制の整備などもあって，しだいに封建制度が確立していったことを理解させる。
　ア　江戸幕府の成立
　　　徳川家康によって，江戸幕府が成立したことを考えさせるとともに，幕府の大名に対する統制のありさまを理解させる。
　イ　日本人の海外発展と鎖国
　　　江戸初期の対外関係の推移や日本人の海外発展の様子を理解させるとともに，禁教と鎖国の進行を総合的にとらえさせ，その結果にも触れる。
　ウ　武士の社会と生活
　　　身分制度の確立，儒教の奨励，農民への統制，交通の整備，城下町の発達などに触れて当時の社会や生活のありさまを理解させるとともに，幕府と藩による支配が確立していった様子に着目させる。
（10）　幕府政治の進展
　　幕政の推移，農村の発展と広がる商圏，元禄（げんろく）文化，享保の改革などの学習を通して，幕府の文治政策への移行から享保の改革までの政治，社会・経済の推移のあらましを理解させる。
　ア　幕政の推移
　　　幕府の文治政策が積極的に進められ，諸藩の整備，儒教の影響などもあって平穏で安定した社会が続いたことを理解させる。
　イ　農村の発展と広がる商圏

幕府や諸藩の勧農策，農業技術の発達，農民の努力などによって農村が発展していったことを理解させるとともに，貨幣経済の発展に伴う産業の発達，商圏の拡大などがみられたことに着目させる。なお，消費の増加に伴い，町人の勢力が増大していったことに触れる。
　ウ　元禄文化
　　　新興の町人の台頭などを背景に元禄文化の特色を考えさせるとともに，学問・教育その他の文化がしだいに武士や町人に普及していったことや，庶民文化が創造されていったことに気づかせる。
　エ　享保の改革
　　　経済上の変化に伴い，幕府の財政や武士の生活が苦しくなっていったことに気づかせるとともに，幕藩体制を安定させるために享保の改革が行なわれたことを理解させる。
(11)　幕藩体制の動揺
　　農村の動揺と寛政の改革，新しい学問と化政文化，天保の改革と諸藩の改革などの学習を通して，寛政の改革から天保の改革までの政治，社会・経済の推移のあらましを考えさせるとともに，幕藩体制が動揺していった事情や，社会の新しい動きがみられたことを理解させる。
　ア　農村の動揺と寛政の改革
　　　商品経済の発達に伴う社会の変化や，あいつぐ天災・飢饉などによって農村が動揺したことを考えさせるとともに，それに対応した寛政の改革のありさまを理解させる。
　イ　新しい学問と化政文化
　　　国学，洋学などの研究が盛んになったことを理解させ，それらが後世に及ぼした影響を考えさせる。また，化政文化の特色を考えさせるとともに，民間行事も盛んとなり，庶民の教育もいっそう普及していったことに着目させる。
　ウ　天保の改革と諸藩の改革
　　　財政の窮乏，百姓一揆の頻発など内外の困難な状況の中で，天保の改革が行なわれたことを理解させるとともに，そのころから農村の工業の発達がみられ，諸藩の中には財政の改革に成功したところもあって，そこに新

しい動きがみられたことに着目させる。
(12) ヨーロッパ世界の発展

近代民主政治の成立，産業革命と民主政治の発達，近代ヨーロッパの科学と文化などの学習を通して，わが国の鎖国のころから明治の初めのころまでにおける，ヨーロッパ世界の発展のあらましを理解させる。

ア　近代民主政治の成立

イギリスの革命，アメリカの独立，フランス革命に触れながら，それぞれの国情に応じて，近代民主政治の基礎が築き上げられていったことを理解させる。

イ　産業革命と民主政治の発達

イギリスの産業革命を中心に，科学の発達と諸発明，資本主義社会の成立のあらましを理解させるとともに，産業革命が社会生活に及ぼした影響や，産業革命の進行が民主政治の発達と関連をもっていたことに気づかせる。

ウ　近代ヨーロッパの科学と文化

近代のヨーロッパでは，科学や文化の著しい発達がみられたことを理解させる。

(13) 欧米諸国のアジア進出

アジアの王朝の盛衰，アジアの植民地化と欧米諸国の日本への接近などの学習を通して，アジアのおもな王朝の盛衰のあらましに触れながら，欧米諸国によるアジアの植民地化と日本への接近のありさまを理解させる。

ア　アジアの王朝の盛衰

オスマン－トルコ，ムガールおよび清の盛衰に簡単に触れながら，それらが欧米諸国の進出によって，変容を余儀なくされていったことに気づかせる。

イ　アジアの植民地化と欧米諸国の日本への接近

産業革命によって資本主義経済の発展したイギリスが，インドを植民地化し，中国に浸透していったありさまを理解させる。また，ロシアとアメリカがアジアへ進出してきたことに触れ，両国がイギリス，フランスなどとともに，日本の開国を促したことに着目させる。

(14) 明治維新

　　開国と幕府の滅亡，諸制度の改革，富国強兵・殖産興業，文明開化などの学習を通して，明治維新が，内外の複雑な情勢の中で，政府や国民の努力によって比較的短期間に実現したことを理解させるとともに，それが近代日本の成立と発展に果たした役割や，維新当時の人々が，わが国の独立の確保と発展のために払った苦心を考えさせる。

　ア　開国と幕府の滅亡

　　　幕政の批判，黒船の来航，尊王攘夷運動など，内外の複雑な情勢の中でわが国が開国に踏みきり，やがて江戸幕府が滅んで王政復古が行なわれたことを理解させる。

　イ　諸制度の改革

　　　廃藩置県，身分制の廃止，地租改正，領土の画定など，次々と諸改革が行なわれたことを理解させるとともに，それらが近代日本の発展に果たした役割や意義を考えさせる。

　ウ　富国強兵・殖産興業

　　　日本の工業が外国の技術を導入しながら官営によって育成され，政府の富国強兵策などによって近代工業がしだいに発達していったことを理解させる。なお，近代的な交通・通信などの整備や北海道の開拓にも触れる。

　エ　文明開化

　　　欧米の思想・文化，技術，諸制度などを積極的にとり入れて，封建的な旧弊を改め，先進国に追いつこうと努力したことを理解させるとともに，学制頒布や当時の人々の風俗，生活のありさまに触れる。

(15) 立憲政治の成立

　　藩閥政治と自由民権運動，大日本帝国憲法の制定，議会政治の発展などの学習を通して，わが国がしだいに近代的な政治形態を整えていったことを理解させるとともに，議会政治の実現と発展には，多くの人々の努力と苦心が重ねられたことを考えさせる。

　ア　藩閥政治と自由民権運動

　　　藩閥政治に対抗し，民撰議院設立を目ざした自由民権運動が起こり，それがしだいに広がっていったことを理解させるとともに，西南の役の後，

言論による運動が展開されたことに着目させる。
　　イ　大日本帝国憲法の制定
　　　　大日本帝国憲法が制定された事情とこの憲法の特色を理解させるとともに，アジアで最初につくられた憲法であったことに気づかせる。
　　ウ　議会政治の発展
　　　　はじめ藩閥政府と政党との激しい対立が続けられながら，議会政治がしだいに発展していったことを理解させるとともに，政党の発達のありさまに触れる。
(16)　近代日本の発展
　　国際情勢と対外政策，近代産業の発展と社会の変動，近代文化の形成，条約改正などの学習を通して，明治の初期以来，わが国が複雑な国際関係の中で，政治，社会・経済，文化などの発展をもとにして国家組織を確立し，しだいに国際的地位を高め近代国家として発展していったことを理解させる。また，急速に列強に追いつこうとしたことから，そこに多くの問題が生じてきたことに気づかせる。
　　ア　国際情勢と対外政策
　　　　大陸や日本をめぐる国際環境を明らかにしながら，各国間の利害関係を理解させるとともに，日清戦争，日露戦争が起こった事情を，明治政府の対外政策や国民感情などとも関連させて考えさせる。なお，その後の明治の末期から大正の初期にかけての朝鮮や中国の動きに触れる。
　　イ　近代産業の発展と社会の変動
　　　　日清・日露戦争のころから近代産業が飛躍的に発展し，資本主義経済の基礎が固まっていったことを理解させるとともに，農村や都市において社会問題が起こってきたことに着目させる。
　　ウ　近代文化の形成
　　　　これまでとは違った新しい学問と教育，科学と文化などが形成されていったことを理解させるとともに，伝統的な文化を再認識しようとする動きのあったことに気づかせる。
　　エ　条約改正
　　　　明治の初期以来，産業・経済の発展，生活の向上，文化の発展などをも

とに，長い期間にわたって，不平等な条約を改正するための外交的努力が払われたことを理解させるとともに，当時の世論と国民の努力や苦心を考えさせる。

(17) 両大戦間の世界と日本

第一次世界大戦と戦後の国際協調，政党政治の成立と流動する社会，科学の発達と文化の大衆化，欧米諸国の動向，資本主義経済の変動と日本，アジアの情勢と日華事変，第二次世界大戦と日本などの学習を通して，第一次世界大戦から第二次世界大戦の終結までの国際情勢の変転と，それに対処するわが国の動きや国内の政治，社会・経済，文化，生活の推移のあらましを理解させる。

ア 第一次世界大戦と戦後の国際協調

第一次世界大戦のありさまや日本の参戦に触れるとともに，国際連盟の成立，軍縮会議の開催などを中心に，第一次世界大戦後における各国の世界平和への熱意と，国際協調への動きを理解させる。その際，国際関係の複雑さやきびしさにも関心をもたせる。

イ 政党政治の成立と流動する社会

政党内閣の誕生，国民大衆の政治的自覚，民本思想の普及などを，時代的背景や世界の動向と関連させて考えさせる。その際，都市や農村の社会問題に触れて，流動する社会のありさまに着目させる。

ウ 科学の発達と文化の大衆化

大正時代から昭和の初期にかけての科学の著しい発達と，国民文化の成長，文化の大衆化を理解させるとともに，それが明治時代の開化・啓蒙(けいもう)的なものと違っていることに気づかせる。

エ 欧米諸国の動向

ロシア革命とその後のソビエト連邦，イタリア，ドイツ，アメリカ合衆国およびイギリス連邦の動向に触れ，欧米諸国における政治・経済体制の著しい変化に着目させるとともに，それらが，その後の国際関係に大きな影響を及ぼしたことに気づかせる。

オ 資本主義経済の変動と日本

第一次世界大戦中の好景気の後，関東大震災があり，昭和を迎えると，

世界恐慌などがあいついで起こって経済が混乱し，社会に大きな問題が発生してきたことを理解させるとともに，政党の堕落，軍部の政治への介入がみられ，大陸進出が行なわれたことを考えさせる。
　カ　アジアの情勢と日華事変
　　　中国をめぐる国際情勢や日華事変のあらましを理解させるとともに，この事変を中心とする日本と中国との関係を考えさせる。
　キ　第二次世界大戦と日本
　　　第二次世界大戦勃発前後の世界情勢のあらましを知らせるとともに，戦時中の国民の生活に触れながら，敗戦に至るまでの事情を理解させる。
（18）　新しい日本と世界
　　占領下の改革，日本国憲法の制定，アジア・アフリカ諸民族の独立，いわゆる冷たい戦争，国民生活と経済復興，日本の独立と国際連合への加入などを中心に，敗戦後の混乱期にあって，国民が苦難をのりこえ新しい日本の建設に努力したことや，科学技術の急速な進歩，国際平和確立への努力，世界の中の日本の進展のあらましを大観させる。

　　また，わが国の歴史をふりかえりながら，現在および未来に生きる日本人としての意欲と自覚を高めるとともに，特に原子力時代といわれる今日では，戦争を防止し，民主的で平和な国際社会を実現することが，わが国民にとっても，また人類全体にとっても，重要な課題になっていることを考えさせる。

3　内容の取り扱い

（1）　内容（2）のイの縄文文化・弥生文化の取り扱いに当たっては，考古学などの諸科学の成果を活用する。また，内容の（2）および（3）の古代日本に関する事項の取り扱いに当たっては，神話や伝承も取り上げ，それらが，記紀を中心に集大成され記録されたことを説明しながら，当時の人々の信仰やものの見方などに触れさせることが必要である。
（2）内容の（7），（12）および（13）における世界の歴史に関する事項の取り扱いに当たっては，その学習が直接または間接に，わが国の歴史の学習に役だつように，範囲，程度などをじゅうぶんに考慮することが望ましい。

（3） 内容の（9）から（11）および（14）から（18）までにおける江戸時代から昭和にかけての諸事項については，各時代の諸事象を広く国際情勢にも触れながら取り扱い，わが国の歴史に対する正しい理解を得させるように指導する必要がある。

（4） 内容の（18）の第二次世界大戦後の歴史に関する事項の取り扱いに当たっては，特に公民的分野における指導との関連を考慮し，歴史的分野においては，世界の動きを背景に，日本の歴史の大きな流れが大観できるように簡潔に取り扱うとともに，日本の歴史における重要な事項の前後関係を明らかにする必要がある。

（5） 内容の取り扱いに当たっては，次の事項に留意する必要がある。

　ア　目標を達成するのに必要な，基本的で発展的な指導事項を重点的に選び，枝葉末節にわたる細かな事がらや程度の高い事項は避けるようにすること。

　イ　時代区分については，指導上の観点などによっていろいろのものが考えられるが，適宜大きな区分にまとめるなどして，大きな時代の流れやその時代の特色を見失わないようにすること。

　ウ　郷土の史跡その他の遺跡や遺物を見学させて，わが国の歴史の発展を具体的に知らせ，郷土とわが国の歴史の発展との関連を考えさせるとともに，文化遺産を愛護し尊重する態度を育てるようにすること。

　エ　地理的事象にも関心をもたせ，可能な範囲で歴史的事象がみられた地域の風土もしくは環境に触れて，空間的なものへの関心を高めること。また，地域によって制約はあるが，歴史像を浮かび上がらせるため，たとえば，都市や集落，道路，地割，城跡などの地域の歴史的景観を把握させること。なおその際，現在までの変化に気づかせるようにすること。

　オ　人物の指導については，郷土の人物を含めて二，三の人物を重点的に取り上げ，適切な時間を設けて指導すること。その際，取り上げた人物の持っていた意図や願い，判断と行為および努力や苦心を，時代的背景の中で理解させ，人物と時代的背景との関連を考えさせるようにすること。なお，史実と俗説との混同を避けるようにすること。

（6） 指導の全般にわたって，次の事項に留意する必要がある。

ア　生徒の歴史に対する興味や関心を高め，歴史意識，思考力などのいっそうの伸長を図ること。

イ　物語や，身近な資料，年表，地図などを活用して，歴史的事象の具体化に努めること。

ウ　歴史に関する読み物や伝記を読む習慣を身につけさせること。また，必要に応じて年表，報告文などを作成させたりするなどして，歴史をみずから考えてみようとする態度や，考えたことをまとめる能力の基礎をつちかうこと。

付録3　義務教育諸学校教科用図書検定基準（抄）（平成26年1月告示）

第1章　総則

（1）　本基準は、教科用図書検定規則第3条の規定に基づき、学校教育法に規定する小学校、中学校、中等教育学校の前期課程並びに特別支援学校の小学部及び中学部において使用される義務教育諸学校教科用図書について、その検定のために必要な審査基準を定めることを目的とする。

（2）　本基準による審査においては、その教科用図書が、教育課程の構成に応じて組織排列された教科の主たる教材として、教授の用に供せられる児童又は生徒用図書であることにかんがみ、知・徳・体の調和がとれ、生涯にわたって自己実現を目指す自立した人間、公共の精神を尊び、国家・社会の形成に主体的に参画する国民及び我が国の伝統と文化を基盤として国際社会を生きる日本人の育成を目指す教育基本法に示す教育の目標並びに学校教育法及び学習指導要領に示す目標を達成するため、これらの目標に基づき、第2章及び第3章に掲げる各項目に照らして適切であるかどうかを審査するものとする。

第2章　各教科共通の条件

1　基本的条件

（教育基本法及び学校教育法との関係）

（1）　教育基本法第1条の教育の目的及び同法第2条に掲げる教育の目標に一致していること。また、同法第5条第2項の義務教育及び学校教育法第21条に掲げる義務教育の目標並びに同法に定める各学校の目的及び教育の目標に一致していること。

（学習指導要領との関係）

（2）　学習指導要領の総則に示す教育の方針や各教科の目標に一致していること。

（3）　小学校学習指導要領（平成20年文部科学省告示第27号）又は中学校学習指導要領（平成20年文部科学省告示第28号）（以下「学習指導要領」という。）に示す教科及び学年、分野又は言語の「目標」（以下「学習指導要領に示す目標」

という。）に従い、学習指導要領に示す学年、分野又は言語の「内容」（以下「学習指導要領に示す内容」という。）及び「内容の取扱い」（「指導計画の作成と内容の取扱い」を含む。以下「学習指導要領に示す内容の取扱い」という。）に示す事項を不足なく取り上げていること。
（４）　本文、問題、説明文、注、資料、作品、挿絵、写真、図など教科用図書の内容（以下「図書の内容」という。）には、学習指導要領に示す目標、学習指導要領に示す内容及び学習指導要領に示す内容の取扱いに照らして不必要なものは取り上げていないこと。

（心身の発達段階への適応）
（５）　図書の内容は、その使用される学年の児童又は生徒の心身の発達段階に適応しており、また、心身の健康や安全及び健全な情操の育成について必要な配慮を欠いているところはないこと。

２　選択・扱い及び構成・排列
（学習指導要領との関係）
（１）　図書の内容の選択及び扱いには、学習指導要領の総則に示す教育の方針、学習指導要領に示す目標、学習指導要領に示す内容及び学習指導要領に示す内容の取扱いに照らして不適切なところその他児童又は生徒が学習する上に支障を生ずるおそれのあるところはないこと。
（２）　図書の内容に、学習指導要領に示す他の教科などの内容と矛盾するところはなく、話題や題材が他の教科などにわたる場合には、十分な配慮なく専門的な知識を取り扱っていないこと。
（３）　学習指導要領の内容及び学習指導要領の内容の取扱いに示す事項が、学校教育法施行規則別表第１又は別表第２に定める授業時数に照らして図書の内容に適切に配分されていること。

（政治・宗教の扱い）
（４）　政治や宗教の扱いは、教育基本法第14条（政治教育）及び第15条（宗教教育）の規定に照らして適切かつ公正であり、特定の政党や宗派又はその主義や信条に偏っていたり、それらを非難していたりするところはないこと。

（選択・扱いの公正）

（５） 話題や題材の選択及び扱いは、児童又は生徒が学習内容を理解する上に支障を生ずるおそれがないよう、特定の事項、事象、分野などに偏ることなく、全体として調和がとれていること。

（６） 図書の内容に、児童又は生徒が学習内容を理解する上に支障を生ずるおそれがないよう、特定の事柄を特別に強調し過ぎていたり、一面的な見解を十分な配慮なく取り上げていたりするところはないこと。

（特定の企業、個人、団体の扱い）

（７） 図書の内容に、特定の営利企業、商品などの宣伝や非難になるおそれがあるところはないこと。

（８） 図書の内容に、特定の個人、団体などについて、その活動に対する政治的又は宗教的な援助や助長となるおそれのあるところはなく、また、その権利や利益を侵害するおそれのあるところはないこと。

（引用資料）

（９） 引用、掲載された教材、写真、挿絵、統計資料などは、信頼性のある適切なものが選ばれており、その扱いは公正であること。

（10） 引用、掲載された教材、写真、挿絵、統計資料などについては、著作権法上必要な出所や著作者名その他必要に応じて出典、年次など学習上必要な事項が示されていること。

（構成・排列）

（11） 図書の内容は、全体として系統的、発展的に構成されており、網羅的、羅列的になっているところはなく、その組織及び相互の関連は適切であること。

（12） 図書の内容のうち、説明文、注、資料などは、主たる記述と適切に関連付けて扱われていること。

（13） 実験、観察、実習、調べる活動などに関するものについては、児童又は生徒が自ら当該活動を行うことができるよう適切な配慮がされていること。

（発展的な学習内容）

（14） １の（４）にかかわらず、児童又は生徒の理解や習熟の程度に応じ、学習内容を確実に身に付けることができるよう、学習指導要領に示す内容及び学習指導要領に示す内容の取扱いに示す事項を超えた事項（以下「発展的な

学習内容」という。）を取り上げることができること。
（15） 発展的な学習内容を取り上げる場合には、学習指導要領に示す内容や学習指導要領に示す内容の取扱いに示す事項との適切な関連の下、学習指導要領の総則に示す教育の方針、学習指導要領に示す目標や学習指導要領に示す内容の趣旨を逸脱せず、児童又は生徒の負担過重とならないものとし、その内容の選択及び扱いには、これらの趣旨に照らして不適切なところその他児童又は生徒が学習する上に支障を生ずるおそれのあるところはないこと。
（16） 発展的な学習内容を取り上げる場合には、それ以外の内容と区別され、発展的な学習内容であることが明示されていること。

3　正確性及び表記・表現
（1） 図書の内容に、誤りや不正確なところ、相互に矛盾しているところはないこと（（2）の場合を除く。）。
（2） 図書の内容に、客観的に明白な誤記、誤植又は脱字がないこと。
（3） 図書の内容に、児童又は生徒がその意味を理解し難い表現や、誤解するおそれのある表現はないこと。
（4） 漢字、仮名遣い、送り仮名、ローマ字つづり、用語、記号、計量単位などの表記は適切であって不統一はなく、別表に掲げる表記の基準によっていること。
（5） 図、表、グラフ、地図などは、各教科に応じて、通常の約束、方法に従って記載されていること。

第3章　各教科固有の条件

［社会科（「地図」を除く。）］

1　基本的条件
（1） 中学校学習指導要領第2章第2節の第3「指導計画の作成と内容の取扱い」の1の（3）に示す「適切な課題を設けて行う学習」は、取り上げなくても差し支えないこと。

2　選択・扱い及び構成・排列
（1）　小学校学習指導要領第2章第2節の第2「各学年の目標及び内容」の［第6学年］の3「内容の取扱い」の（3）のアについては、選択して学習することができるよう配慮がされていること。
（2）　未確定な時事的事象について断定的に記述していたり、特定の事柄を強調し過ぎていたり、一面的な見解を十分な配慮なく取り上げていたりするところはないこと。
（3）　近現代の歴史的事象のうち、通説的な見解がない数字などの事項について記述する場合には、通説的な見解がないことが明示されているとともに、児童又は生徒が誤解するおそれのある表現がないこと。
（4）　閣議決定その他の方法により示された政府の統一的な見解又は最高裁判所の判例が存在する場合には、それらに基づいた記述がされていること。
（5）　近隣のアジア諸国との間の近現代の歴史的事象の扱いに国際理解と国際協調の見地から必要な配慮がされていること。
（6）　著作物、史料などを引用する場合には、評価の定まったものや信頼度の高いものを用いており、その扱いは公正であること。また、法文を引用する場合には、原点の表記を尊重していること。
（7）　日本の歴史の紀年について、重要なものには元号及び西暦を併記していること。

※なお、特別な教科「道徳」の導入などにともない、文言が改められた新しい義務教育諸学校教科用図書検定基準が平成28年3月に告示され、同年4月1日から施行されている。

著者紹介
高橋秀樹
1964年　神奈川県に生まれる
1996年　学習院大学大学院人文科学研究科博士後期課程修了、博士（史学）
現　在　文部科学省初等中等教育局教科書調査官

〔主要著書〕
『日本中世の家と親族』（吉川弘文館、1996年）
『古記録入門』（東京堂出版、2004年）
『玉葉精読』（和泉書院、2013年）
『三浦一族の中世』（歴史文化ライブラリー、吉川弘文館、2015年）
『三浦一族の研究』（吉川弘文館、2016年）

三谷芳幸
1967年　香川県に生まれる
1998年　東京大学大学院人文社会系研究科博士課程単位取得退学、博士（文学）
文部科学省初等中等教育局教科書調査官をへて
現　在　筑波大学人文社会系准教授

〔主要論文・著書〕
「古代天皇と土地の禁忌」（武光誠編『古代日本の政治と宗教』同成社、2005年）
『律令国家と土地支配』（吉川弘文館、2013年）
「古代の土地制度」（『岩波講座日本歴史　第4巻　古代4』岩波書店、2015年）

村瀬信一
1954年　東京都に生まれる
1989年　東京大学大学院人文科学研究科博士課程単位取得、博士（文学）
現　在　文部科学省初等中等教育局主任教科書調査官

〔主要著書〕
『帝国議会改革論』（日本歴史叢書、吉川弘文館、1997年）
『明治立憲制と内閣』（吉川弘文館、2011年）
『首相になれなかった男たち―井上馨・床次竹二郎・河野一郎―』（吉川弘文館、2014年）
『帝国議会―〈戦前民主主義〉の五七年―』（講談社、2015年）

ここまで変わった日本史教科書

| 2016年（平成28）9月10日 | 第1刷発行 |
| 2016年（平成28）10月20日 | 第3刷発行 |

著　者　高橋秀樹
　　　　三谷芳幸
　　　　村瀬信一

発行者　吉川道郎

発行所　株式会社 吉川弘文館
〒113-0033 東京都文京区本郷7丁目2番8号
電話 03-3813-9151〈代〉
振替口座 00100-5-244
http://www.yoshikawa-k.co.jp/

組版・装幀＝朝日メディアインターナショナル株式会社
印刷＝藤原印刷株式会社
製本＝株式会社 ブックアート

©Hideki Takahashi, Yoshiyuki Mitani, Shin'ichi Murase 2016.
Printed in Japan
ISBN978-4-642-08299-0

JCOPY 〈(社)出版者著作権管理機構 委託出版物〉
本書の無断複写は著作権法上での例外を除き禁じられています．複写される場合は，そのつど事前に，(社)出版者著作権管理機構（電話03-3513-6969，FAX 03-3513-6979, e-mail: info@jcopy.or.jp）の許諾を得てください．

概論 日本歴史

佐々木潤之介・佐藤信・中島三千男
藤田覚・外園豊基・渡辺隆喜編

日本史の全体像を、わかりやすく記述した本格的な通史。最新の研究成果を盛り込み、必要不可欠な史実を厳選。古代から現代まで歴史の流れを把握できるように編集した、日本史を学ぼうとする人びとに送る最良の入門書。

Ａ５判・364頁／1,900円

大学でまなぶ日本の歴史

木村茂光・小山俊樹・戸部良一・深谷幸治編

大学で日本史を学ぶうえで不可欠なテーマを選び、最新の研究成果をふまえ平易に叙述した格好の通史テキスト。各テーマをコンパクトにまとめ、時代の「移行期」と近現代史を重視。日本史を学びなおしたい人にも最適。

Ａ５判・272頁／1,900円

日本史必携

吉川弘文館編集部編

日本史を読み解く上で必須の年表・図表類を精選・網羅した、詳細かつ正確な日本史便覧の決定版。基本資料・古代・中世・近世・宗教の五編に200余項目を収め、現代まで関連する事項は明治以降まで補完した必備の書。

菊判・720頁／6,000円

誰でも読める 日本史年表 全5冊
―ふりがな付き―

吉川弘文館編集部編

日本史の人名や用語には、どう読めば良いのかわからないものが数多い。その悩みを解消すべく、記事本文の漢字すべてにふりがなを付けた便利な年表。典拠一覧、暦日表、七曜表、国史大辞典と連動した索引を付載する。

　古代史年表　5,700円　　近代史年表　4,200円
　中世史年表　4,800円　　現代史年表　4,200円
　近世史年表　4,600円　　菊判・平均522頁

日本史年表・地図

児玉幸多編

年表は政治・外交・文化の外、世界史の事象を縦の帯とし、横に年代を揃えて時代の流れを有機的に把握できる。地図は政治・経済・文化事象の地図化と諸事項の表示に新工夫を施し、毎頁図版説明と時代概観を脚注で示す。

Ｂ５横判・136頁／1,300円

吉川弘文館　　　価格は税別